新教コイノーニア 32

山口陽一・朝岡 勝

キリストが主だから

いま求められる告白と抵抗

目次

聖書に立つ教会の政治参与の責任

新たな国家神道が始まりつつある時代に

東京基督教大学教授
山口陽一

はじめに

２０１２年12月に第二次安倍内閣が成立してから現在に至るまでの「いま」はどのような時代かを備忘録として確認し、70年前の罪責に鑑みて教会の政治的責任を考える。新たな国家神道が始まりつつある「いま」、ローマ書13章を中心に信仰による抵抗権行使の責任を考える。日本のプロテスタント教会の戦前戦中の歴史に学び、今日における私たちの祈りと行動を考えたい。聖書に立つ教会の政治参与の責任は、良い政治を求め為政者のために祈ることから始まる。今日お話しすることは２０１５年度の祈祷会で学生たちと学びながら祈りを合わせたことでもある。

1.「いま」何が起こっているのか

戦後70年を迎えた「いま」は、新自由主義と国家主義によって特徴づけられる。中野晃一は、新右派転換の波は中曽根康弘の「戦後政治の総決算」（１９８２～87）に始まり、村山談話を生んだ自社さ政権（１９９４～96）が国際協調主義に揺り戻し、さらにそれに対する反発が生じというような振子運動を繰り返すうちに、支点自体が右に移動したとしている。[1]

第一次安倍政権（２００６～07）は「戦後レジームからの脱却」を掲げ、教育基本法を改正して「愛国心」教育に政府の関与を強めた。防衛庁を防衛省に格上げし、憲法改正に向けて国民投票法を制定した。

第二次安倍内閣は「日本を、取り戻す」をスローガンに、対米追従の戦争参加準備と企業優遇の政策を進めている。日米ガイドラインの改定、国家安全保障会議設置、特定秘密保護法、防衛装備移転三原則、集団的自衛権容認の閣議決定、安全保障関連法、原発再稼働、ＴＰＰなどにそれが認められる。これらはグローバル化した世界における日米安保条約の強化を志向しているが、一方では対米関係から成立した戦後体制の否定の動きが目立つ。歴史修正主義と排外主義は、慰安婦問題、伊勢神宮・靖国神社参拝に顕著であり、敗戦を認めず、憲法を押しつけと断じ、立憲君主政体への復古をめざす勢力は、神道政治連盟や日本会議などによって政治に強い影響を与えている。報道と表現の自由の問題は深刻で、国境なき記者団による世界の報道自由度ランキングにおいて民主党政権下の

２０１０年に11位だった日本は、自民党政権下の２０１５年に61位、２０１６年には72位にまでランクを下げている。４月19日、「意見及び表現の自由」の調査を担当する国連特別報告者ディビッド・ケイ氏は、日本政府に対しメディアの独立性保護と国民の知る権利促進のための対策を緊急に講じるよう要請した。

昨夏の安全保障関連法が成立するまでの過程は、立憲主義の否定そのものであった。憲法違反の法案であることを歴代内閣法制局長官が指摘し、圧倒的多数の憲法学者、弁護士、元最高裁長官、学者・学生・ＮＧＯ・医療福祉関係者・母たちなど、様々な立場の多くの国民が法案の違憲性を指摘する中で強行採決が行われた。これは、憲法第10章「最高法規」の99条「天皇又は摂政及び国務大臣、国会議員、裁判官その他の公務員は、この憲法を尊重し擁護する義務を負ふ」に反している。国民は、憲法によって政治を為政者に託しているのであるが、国民にコンプライアンスを求める政府にその姿勢がないのでは範にならない。さらには、国会審議が進む中で自衛隊と米軍の事前の約束も明るみに出た。戦争参加を平和維持・後方支援、武器輸出は装備移転と言い換え、丁寧に説明すると言って臨時国会を召集せず、防衛整備庁を稼働させた。戦後70年守ってきた武力に拠らない平和構築の方向を転換し、アジアに対する侵略の反省終結を図り、中国や北朝鮮に対する危機感ばかりを煽る。福島第一原発事故による避難者は10万人、沖縄の民意を機動隊で排除して辺野古新基地建設を強行し、ラムズフェルド元国防長官とアーミテージ元国務副長官には「旭日大綬章」を授与する。政府はどこを見ているのだろうか。そして、２０１６年３月29日安保関連法が施行された。

2. 新たな国家神道の始まり

ここまで述べたことについて、クリスチャンの中にも別の見解があるだろう。しかし、このことはどうであろうか。安倍首相と8名の閣僚は2013年10月2日、伊勢神宮の式年遷宮の「遷御《せんぎょ》の儀」に参列した。現職首相としては1929年以来84年ぶり、国家と神道を分離した戦後では初めてのことだった。10月の靖国神社秋季例大祭には「みんなで靖国神社に参拝する国会議員の会」に所属する157名の国会議員が参拝。12月26日の靖国神社参拝にはアメリカも失望（disappointment）を表明した。新年の伊勢神宮参拝には、2014年以来7閣僚、11閣僚、9閣僚が安倍首相に同行している。2015年1月9日、閣議は首相の靖国神社への公式参拝について、「戦没者追悼目的での参拝だと公にし、宗教上の目的でないことが外観上も明らかな場合は、憲法20条3項が禁じる国の宗教的活動には当たらない」とする答弁書を決定し、ここでも解釈改憲を進めようとしている。

自由民主党の憲法改正案では、政教分離を定める20条に例外を設けて言う。「ただし社会的儀礼また習俗的行為の範囲を超えないものについてはこの限りではない」。しかし、戦後の政教分離をめぐる裁判（津地鎮祭訴訟、箕面忠魂碑訴訟、自衛官護国神社合祀訴訟、岩手県議会靖国神社訴訟、愛媛県靖国神社玉串訴訟など）は、常にこれをめぐって争われてきたのである。それを考えれば、この20条に対する自民党案の但し書きは、戦後日本の政教分離原則を崩して国家神道復活に道を開くものである。

3. 戦時下の「教会の罪責」

国家神道復活の問題性について、まず歴史から、次いで聖書から確認しておきたい。

対米開戦直前の１９４１年、日本のプロテスタント教会は合同して日本基督教団を設立した。「教団規則」第七条「生活綱領」は、「皇国《こうこく》ノ道ニ従ヒテ信仰ニ徹シ各《おのおの》其分《そのぶん》ヲ尽シテ皇運《こううん》ヲ扶翼《ふよく》シ奉《たてまつ》ルベシ」である。教会の規則は、国にとっての憲法に相当するものである。そこにおいて、「聖書に従って」と言うべきところが「皇国の道に従って」となってしまった。教団統理の富田満牧師は、皇国の道に従って信仰に徹し、主を畏れつつ伊勢神宮に参拝し、新しい教団の発展を「希願」した。これは十戒の第一戒「あなたには、わたしのほかに、ほかの神々があってはならない」（出エジプト記20章3節）に違反している。

教団は１９４２年10月の「日本基督教団戦時布教指針」において大東亜戦争を「聖戦」と呼んだ。「殊《こと》ニ本教団ハ今次《こんじ》大戦勃発直前ニ成立シタルモノニシテ正《まさ》ニ天業《てんぎょう》ヲ翼賛《よくさん》シ国家非常時局ヲ克服センガ為《ため》ニ天父《てんぷ》ノ召命ヲ蒙《こうむ》リタルモノト謂《い》ハザルベカラズ」。つまり大東亜戦争に勝利するために神の召しを受けて成立したのが日本基督教団だと言ったのである。その布教指針の綱領の第一は、「国体《こくたい》ノ本義《ほんぎ》ニ徹シ大東亜戦争ノ目的完遂《かんすい》ニ邁進《まいしん》スベシ」であった。綱領の三に「日本基督教ノ確立ヲ図リ本教団ノ使命達成ニ努ムベシ」を掲げ、さらに実践要目（八）に「日本教学ノ研鑽ニ努メ日本基督教ノ樹立ニ邁進スルコト」を挙げた。

讃美歌委員会が編集した『興亜讃美歌』（1943年）の4番「臣道実践」1節の歌詞は、「光栄《さか》えある皇国《みくに》に生まれ、すめらぎ（天皇）にまつらふわれら、日々のわざ励む心は、あまつかみこそ知ろしめすらめ」である。1944年の復活節の「日本基督教団より大東亜共栄圏にある基督教徒に送る書翰」では、「全世界をまことに指導し救済しうるものは、世界に冠絶せる万邦無比なる我が日本の国体であるという事実を、信仰によって判断しつつ我らに信頼せられんことを」とアジアの教会に語りかけた。

戦局は悪化の一途をたどり、同年8月18日の「日本基督教団決戦態勢宣言」が出される。「此《こ》ノ時ニ当リ皇国ニ使命ヲ有スル本教団ハ皇国必勝ノ為ニ蹶起《けっき》シ、断固驕敵《きょうてき》ヲ撃摧《げきさい》シ、以テ宸襟《しんきん》ヲ安《やす》ンジ奉ラザルベカラズ」。こうした教団の態度決定の中で信徒はどう生きたのだろうか。

京都帝国大学から学徒出陣した林市造は、1945年4月12日、神風特攻隊として出撃し、与論島東方の敵機動部隊に突入し戦死、23歳。その遺書を読んでみたい。

お母さん、とうとう悲しい便りを出さねばならないときがきました。（中略）ともすればずるい考えに、お母さんの傍にかえりたいという考えにさそわれるのですけど、これはいけない事なのです。洗礼を受けた時、私は「死ね」といわれましたね。アメリカの弾にあたって死ぬより前に汝を救うものの御手によりて殺すのだといわれましたが、これを私は思い出して居ります。すべてが神様の御手の下にある私達には、この世の生死は問題になりませんね。（中略）お母さん、でも私のようなものが特攻隊員となれたことを喜んで下さいね。死んでも立派な戦死だし、キリスト教によれる私達ですからね。でも、お母さん、やはり悲しいですね。悲しい時は泣いて下さい。私も悲しいから一緒に泣きましょう。そして思う存分泣いたら喜びましょう。私は讃美歌をうたいながら敵艦につっこみます。[2]

小塩力は戦時下の教会について以下のように語っている。

あのころは、良い意味でも、悪い意味でも、ときの国策にそわなければ、教会は存続し得ないと感じていたようですから、ほとんど根強い抵抗などはなしに、激流に押し流されるようにして、一般国民生活といっしょに、流されていったと思われます。一方からいえば、よくまあ、教会や神学校が、全く根絶しなかったことだ、と今にして思えます。しかし、他方からいえば、旧約預言者のような、深い信仰と眼と、政治的見透しとが、ああまでなかったのか、と悔いられます。教団が、設立のころに、南京攻略の司令官を招いて話を聞いたことがあります。矢内原さんから、事柄を知らずに招いたのなら、その愚かさを、知って招いたのなら、そのおもねりの精神を、軽蔑する、といわれたことがあります。それは、その通りです。時の徴をみわけられぬままに、ただ国民大衆とともに押し流されるだけであったということは、日本の教会及び個々のクリスチャンの、責任を問われるべきことでしょう。[3]

この時代の異常さ、牧師や信徒の苦悩を考える時、軽率な批判は控えなければならない。人も教会も罪を犯す。しかし、悔い改めて神に栄光を帰することが許されている。この点はどうであったか。敗戦後最初の教団統理指令は深刻な反省懺悔を語る。その内容は次のようであった。

我等ハ先《ま》ヅ事此《ことここ》ニ到リタルハ畢竟《ひっきょう》我等ノ匪躬《ひきゅう》ノ誠《まこと》足ラズ報国《ほうこく》ノ力乏シキニ因《よ》リシコトヲ深刻ニ反省懺悔シ、今後辿《たど》ルベキ荊棘《けいきょく》ノ道ヲ忍苦精 進《にんくしょうじん》以テ新日本ノ精神的基礎建設ニ貢献センコトヲ厳《おごそ》カニ誓《ちか》フベシ。(4)

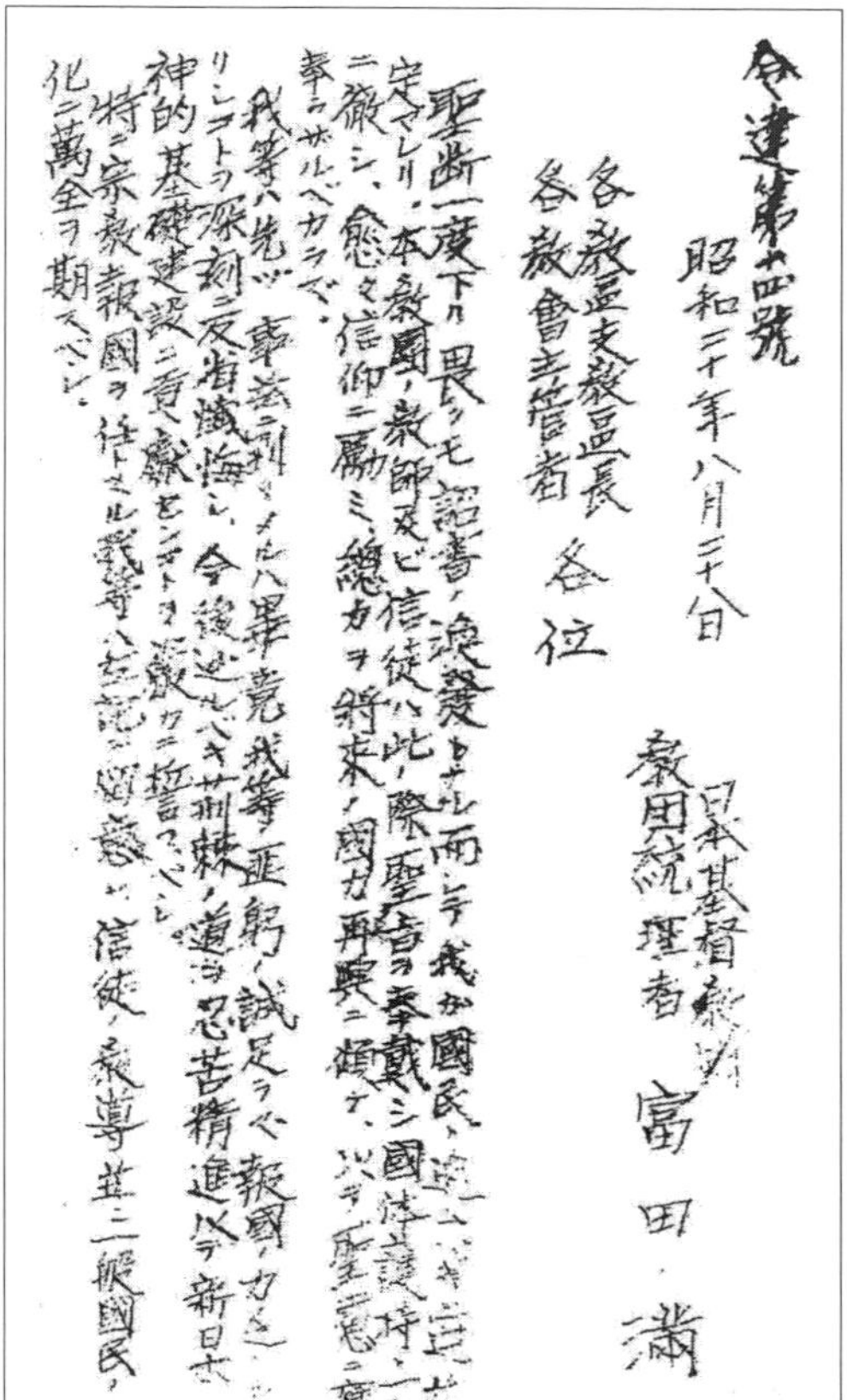
令達第十四號
昭和二十年八月二十八日
日本基督教團
教團統理者　富田満
各教區支教區長
各教會主管者　各位
聖断一度下リ畏クモ詔書ノ渙發トナル而シテ我ガ國民ノ進ムベキ道茲ニ定マレリ、本教團ノ教師及ビ信徒ハ此ノ際聖旨ヲ奉戴シ國体護持ノ一念ニ徹シ、愈々信仰ニ勵ミ、總力ヲ將來ノ國力再興ニ傾ケ、以テ聖慮ニ應ヘ奉ラザルベカラズ。
我等ハ先ヅ事茲ニ到リタルハ畢竟我等匪躬ノ誠足ラズ報國ノ力乏シキニ因リシコトヲ深刻ニ反省懺悔シ、今後辿ルベキ荊棘ノ道ヲ忍苦精進以テ新日本ノ精神的基礎建設ニ貢獻センコトヲ嚴ニ誓フベシ。
特ニ宗教報國ヲ使命トスル我等ハ [illegible] 信徒ノ教導並ニ一般國民ノ教化ニ萬全ヲ期スベシ。

戦後最初に出された「令達第十四号」（1945 年 8 月 28 日）　川端純四郎『教会と戦争』より。

戦争に負けたのは天皇にお仕えする誠が足りず、国への献身が足りなかったゆえであると懺悔し、内容は一変するが報国の姿勢は変わらず、戦争中は戦争に、戦後は新日本の精神的基礎建設に貢献するというのである。このこと自体が、戦中の教会のあり方を如実に示している。戦後70年は、日本の教会の罪責の自覚の歴史であるとも言える。

4.「抵抗権」と民主主義における政治参与の責任

歴史の反省から教訓とすべきことは何であろうか。それは聖書に立つ教会がきちんと政治に参与することであろう。ここでは「抵抗権」と呼ばれるキリスト者の政治における神への奉仕と、そのような信仰を育てる教会について述べたい。

明治初期のプロテスタントにおいては政治参与の意識は高く、批判力もそれなりに有していた。彼らの指導者は概ね佐幕派の士族だったのである。しかし、「教育と宗教の衝突」論争を経て、教会は教育勅語の国家観との衝突を望まず、やがて「報国」一辺倒となり、国に対し信仰のゆえに抵抗するという考え方は育たなかった。渡辺信夫は「抵抗権について」という講演の冒頭、戦時中の自身について次のように反省する。(5)

私は私の信仰を権力に対して抵抗しない方向に強いて向けていた。権力に対して従順ならしめるように自己を屈服させるのが信仰の力であるかのように受けとっていた。日本のキリスト者はだいたいそのような方向に向くように教えられていたのだが、責任を転嫁することはできない。私は自らをごまかしてそちらに向かせていたからである。

渡辺はカルヴァンの「抵抗権」について学び、「抵抗の根をもつこと、また根を養うこと」を訴えて言う。

カルヴァンにあらわれている抵抗の思想には深い根があるらしいということである。それは信仰であるが信仰が抵抗を許容しているというのではなく、むしろ抵抗をつちかって支えている。またカルヴァン自身はこれ（抵抗権）を少しも深遠なこととして説かない。むしろありふれたこと、日常性とのつながりをもったものとして把握しているし、人にもそのように把握させようとしている。

渡辺は、日本の教会が歴史的反省から市民として運動するだけでなく、神学的な抵抗の根拠を持つこと、そしてさらにそれをありふれたことにしようと、「抵抗権」をわかりやすく解説する。

権力は神に由来するから、われわれは服従する。しかし権力は手ちがいをおかす。したがって神によって立てられた権力だからといって、これを無条件に肯定することはできない。権力への服従にはいつも留保がつく。ときには不服従がゆるされるだけでなく、すべきことになる。さらに積極的に抵抗することも必要なのだ。

ヘブル人の男の子殺害命令に従わなかった助産婦、金の像を拝めとのネブカデネザルの命令に従わなかったダニエルと仲間たち、イゼベルの命令に背いて主の預言者を匿ったオバデヤ、「人に従うより、神に従うべきです」と、みことばを語り続けた使徒たちなどがその例、と紹介される。

神が立てられた上に立つ権威に信仰のゆえに従うことが大前提であり、同じ信仰のゆえに抵抗しなければいけない事態が生じるのは、信仰告白と良心の自由の侵害においてである。「それは権力に己の質的反省をうながす」と渡辺は言う。宗教改革の時代には抵抗権は人民にはない。それは最高権力者の次の位置にいる人に託され、私人に許されているのは神に訴えて祈ることだけである。以上は渡辺がカルヴァンの『キリスト教綱要』（第4篇20章）を要約して語るところである。

近藤勝彦もカルヴァンの「セオクラシーと抵抗権」を論じる中で、この祈りについて以下のように言う。

セオクラシーは「服従」の理由であるだけでなく、同時にこの「訴える祈り」の根拠であり、「不服従」の根拠でもあった。邪悪な政治の中で、キリスト者はその変更を求めて、神に祈り、訴える。そしてこの祈りが虚しく終わることのないことをセオクラシストとしてのカルヴァンは堅く信じていた。それがまた、彼の「絶体絶命」における慰めでもあったのである。(6)

それでは、戦後の日本のような民主主義の政治形態における抵抗権はどうであろうか。渡辺は言う。

人民は正しい政治を自ら行う責任がある。政府があやまちを犯すならば人民自身がそれを改めなければならない。すなわち、人民が権力を一時あずけたものからとりもどすなり、抵抗するなりしなければならない。

抵抗権を聖書に基づいて形成したのはカルヴァンの後継者ベザである。そのベザの研究者である丸山忠孝は、「今日における抵抗権をめぐって」という講演において以下のように課題を整理している。(7)

抵抗権の根拠として実定法と自然法がある。古くは英国のマグナカルタに遡り、アメリカ独立宣言の革命権、フランスの人権宣言が自然法的権利を明文化して実定法における抵抗権を成立させた。その後、民主主義の時代になると抵抗権は明文化されなくなる。主権は国民に移り、民主主義の制度それ自体が一種の制度化された抵抗権となったからである。日本では自然法が求める人権を実定法である日本国憲法が保障している。しかし、憲法が改正されて人権が侵害されることもあり得る。ゆえにキリスト者は、憲法よりもさらに根底的な根拠として、聖書に基づく良心により、聖書が求める正当性に拠って立つところの政治的責任を意識しなければならない。

丸山によれば、聖書を根拠とする抵抗権は、旧新約聖書の全体をノモス（規範）とし、キリストの贖いによる創造の秩序の回復をめざすものである。使徒信条では、キリストは「ポンテオ・ピラトのもとに苦しみを受け」と表明する。この一事をとっても福音は非政治的ではあり得ない。この世の隅っこにあるような日本でも「教会と国家」という視点を持つことは重要であり、教会は、「ポンテオ・ピラトのもとに苦しみを受け」たキリストから抵抗のあり方を学ぶべきである。

5. ローマ書13章の読み方

ローマ書13章は上に立つ権威への抵抗ではなく従うことを教えている。しかし、ここにこそキリスト教的な抵抗権の何たるかが示される。すなわち、ここでは「上に立つ権威」への無条件の服従や、教会が政治にかかわらないことが教えられているわけではない。

この個所は、12章1~2節の「あなたがたの霊的な（なすべき）礼拝」の一環であり、神への服従として「上に立つ権威」に従うことを教えている。「人の立てたすべての制度に、主のゆえに従いなさい」（Iペテロ2章13節）、また「神を恐れ、王を尊びなさい」（同17節）という順序が大切なのである。「神の定め」（ローマ13章2節）は、天地創造以来の「秩序」というようなものではなく、この世の罪を抑制するための「定め」ととらえるべきである。[8] 4節の「彼（上に立つ権威）があなたに益を与えるための、神のしもべだからです」（新共同訳は「権威者は、あなたに善を行わせるために、神に仕える者なのです」）[9]は、上に立つ権威の目的・役割を明言しており、「剣 μάχαιρα」は短剣であって、軍事力・戦争権ではなく基本的に警察・司法権を指している。そして5節では「良心のためにも」と、「良心」による信仰的決断によって能動的に「従う」ことを命じている。

ローマ書13章は、このように信仰により、神によって立てられた上に立つ権威に従うこと、裏を返せば「上に立つ権威」が神に逆らう場合には抵抗する権利と義務が生じることを教えている。さらに11～14節には終末の視点が現れ、「上に立つ権威」への服従は終末論的に、究極以前のものとして位置づけられている。ゆえに、この箇所を無批判に国家神学の根拠にしてはいけない。[10] カルヴァンは「主が常軌を逸した王たちの血塗られた王笏を砕き去って耐え難き支配を覆したもう」ことを述べて、「君主たちは聴いて恐れよ」と言うのである。[11]

では「上に立つ権威」への抵抗はどのように見極められるべきであろうか。それは、まず「上に立つ権威が」が偶像化して礼拝を求めるような事態、すなわち良心を侵害するような場合である。次に、「人」のためにある「国」、すなわち「あなたに善を行わせるために、神に仕える者（あなたに益を与えるための、神のしもべ）」（4節）が、神が託した支配の目的を倒錯して、人に害を与える時、とりわけ「いのち」を奪うなど機能不全に陥った場合と考える。立憲民主主義の場合には憲法違反もこれに相当する。それゆえ、憲法を尊重せず擁護しない政権は選挙によって退けられてしかるべきであるが、これは抵抗権の行使というより、主権者の責任というべきである。

6. 霊的な領域における抵抗権

抵抗権は、権力の腐敗という罪の世の現実を考える時に必須のものである。しかし、近代の日本においては国も教会もその重要性を理解していなかった。さかのぼれば、キリスト教が教育勅語の国体と相いれないとされた「教育と宗教の衝突」論争において、井上哲次郎は次のように述べていた。

耶蘇教《やそきょう》の主意は勅語と同じからずとするも、耶蘇教は後来之《これ》を拒絶すべしとは言はず、況《いわ》んや迫害をや、此事は自《おのずか》ら別問題に属す、然《しか》れども簡単に之を言へば、耶蘇教は個人的倫理を維持するに於ては、其効少《そのこうすくな》しとせず、然れども其国家主義を断行するときは、遂に我邦《わがくに》をして羅馬《ローマ》の覆轍《ふくてつ》を履《ふ》ましむるの恐《おそれ》なしとせざるが故に、以後は出来得《できう》べき丈《だけ》、我邦の風俗に同化し、其非国家的精神を排除して、専《もっ》はら個人的倫理を維持するの方針を取るべきなり。(12)

その後、日本の教会は井上哲次郎の指さした道を歩み、一方、内部チェックの仕組みを持たない国は軍部の独裁を許していく。そして、国家や政治に対する批判を避けて個人の倫理に専心した教会は、国家的偶像礼拝と不義の戦争に加担し、しかもその罪責に気づかない有り様だった。抵抗権の思想は、個人や教会にとって大事であるばかりでなく、国にとっても不可欠のものである。教会は神への服従を忘れた政治運動ではなく、政治に無関心な信仰や政治的自己規制でもなく、より良き政治のために祈り行動する責任がある。

キリスト者は「王である祭司」という身分をキリストにあっていただいている。「あなたがたは、選ばれた種族、王である祭司、聖なる国民、神の所有とされた民です」（Ⅰペテロ2章9節）。これは霊的なことがらである。カルヴァンも言うように「キリストの恵みから集められる果実は霊的な意味のものだと考え、彼において我々に約束されかつ差し出されている自由はこの範囲に含まれていると心に留めるのである」。[13] ルターが「キリスト者はすべてのものの上に立つ自由な君主であって、何人にも従属しない」というのもこの自由である。私たちはこの自由に召されている。

「すべての人のために、また王とすべての高い地位にある人たちのために願い、祈り、とりなし、感謝がささげられるようにしなさい」（Ⅰテモテ2章1節）は、「それは、私たちが敬虔に、また、威厳をもって、平安で静かな一生を過ごすためです」（2節）というように、安定した統治のためのとりなしである。またこの祈りの願いは「神は、すべての人が救われて、真理を知るようになるのを望んでおられます」（4節）というように救済論的であって、無批判な王への臣従の祈りではない。

7. 聖書に立つ教会の政治参与

再び日本のキリスト教史から聖書に立つ教会の政治参与の例を見てみよう。聖書に立つ教会の政治参与は、聖書からのメッセージの伝達を主眼とする。講壇から語られるべきは聖書であり、そこで教えられるべきは神のしもべとしての上に立つ権威のあり方である。古《いにしえ》の預言者がしたように、上に立つ権威の絶対（偶像）化を戒め、公義と誠実を行うことを語った日本のキリスト者のことばをいくつか見てみよう。

植村正久は、国の古を慕いその歴史の栄光を楽しむ愛国心、国家の屈辱を悲しむ愛国心に加えて、「よく自国の罪過を感覚し、その逃避せる責任を記憶し、その蹂躙せし人道を反省するは愛国心の至れるものにあらずや」と言う。さらに「自ら国家の良心をもって任じ、国民の罪に泣くものほとんど

上：植村正久
下：矢内原忠雄

まれなり。甚だしきはこの種類の愛国心を抱くものを非難するに国賊の名をもってす。良心を痴鈍ならしむるの愛国心は亡国の心なり。これがために国を誤りしもの、古今その例少なからず」と嘆く。(14)

私は聖書には「愛国心」という価値観や戦略はないと考える。しかし、国籍を天に持つ神の民が地上で持つことができる「愛国心」があるとすれば、このようなものであろう。政府や国会が憲法に従って政治を行い立法にあたることができるよう祈り、とりなすこと、そして神への礼拝を奪うような罪には神の裁きを祈る。これらを個人の祈り、祈祷会や礼拝の祈りに加えることが第一のことである。

1933年3月、矢内原忠雄は、内村先生（召天）第三周年記念講演会で「悲哀の人」と題してキリストと内村鑑三を語った。「個人についての利欲と虚偽は悪思想であるとすれば、国家的利欲および国家的虚偽はまた極めて悪思想なりと言わねばならない。しかも利欲の正義仮装は悪の極致である」。いずれの時代の国家悪をも射貫く鋭いことばである。

日中戦争に突入した1937年、矢内原は藤井武第七周年記念講演で「神の国」と題して語る。

我が日本の国においてもキリスト教は信用を失いました。あるいは失わんとしているのであります。キリスト教の権威と共に、日本国の理想は滅びんとしております。否、滅びました。私は詳しく述べません。しかし、日本人のすべてが、殊に日本人の中のキリスト教徒は、今一つの問題に対して彼の態度の決定を迫られております。態度の決定を要求せられているのであります。これについて二、三の事を考えて見る。あるいはいわく、キリスト教は宗教である、政治の問題は政治家に任せたのである。政治家の定めたことに従ってゆく、と。これが一つの答案であります。一つの態度であります。政治批判、この世の問題についての批判から遊離する。かく遊離することによってキリスト教を守ろうとする態度であります。しかし、キリストが言われているのに、汝らは地の塩である。塩もしその味を失ったなら何をもって塩付けるのであるか。現実の社会の不義を批判しない者は味の無い塩であります。自分を守らんとすることによって自分を失っているのであります。政治の運動に従事しないという事と政治の批判をする事とは、おのずから別であります。批判は正義の声であります。第二の答案に曰く、日本の国が支那を撃つのは聖書の示す教えである、神の命である、何となれば、支那は己の罪によって審かれているのである、日本はこれを審く神の杖である。だから日本の支那を撃つのは神の御用にあずかっているのであると。

　明白に私は申しますけれども、かかる聖書の解釈が神の名によって立つところの教会、その信者によって唱えられているというのは何事であるか！　現実国家の命令には国民として服従致します。服従しなければなりません。しかし、現実国家の言うところを悉く《ことごと》、道徳的に信仰的にしかも聖書的に弁護するというならば、キリスト教の存在の価値はないのであります。神に審かれたるユダの国よりも、己を驕《たか》ぶってユダヤを撃ったアッスリヤの罪の方が更に大きいのである。――わかりますか！　アッスリヤの罪はユダの罪よりもまだ大きい。――自ら怖れなければならない。[15]

明治後期から高知を中心に伝道した森勝四郎（1873〜1920）による森派は、後に耶蘇基督之新約教会と称し、日本基督教団には加わらずに宗教結社となる。世俗に協調せず、安息日を厳守し、妥協をゆるさない偶像礼拝拒否のゆえに、治安維持法違反で1941年に43名が検挙された。[16]森の言葉に「吾々が一番善い事をして、しかも一番悪い結果になり、其時に平安である事が、十字架の喜である」がある。[17]最後まで留置され高知地方裁判所において神宮冒瀆罪で有罪となった寺尾喜七（1877〜1945）は、1941年11月30日に高知警察署で行われた第三回尋問において、ローマ書13章を確認した後、「天皇は神聖なりや」の問に答えて言う。

我が日本では、天皇を現人神として神格化し神聖であるとして居りますが真実の所、天皇陛下は人間であります、人を神聖なる神として尊敬する訳にはゆかないのであります、私共信者も日本国民として、天皇陛下の統治の許で生命財産の保護を受けて居る者として敬意を表して居ります、それかと云って、人間「エバ」の子孫である天皇を唯一絶対の神と同じく、神聖にして他の何物にも侵されない至上の方であると、神格化するわけには、断じてゆかないのであります、そ

郵便はがき

料金受取人払郵便

小石川局承認

6313

差出有効期間
2026年9月
30日まで

112-8790

105

東京都文京区関口1－44－4
宗屋関口町ビル6F

株式会社　新教出版社　愛読者係 行

<お客様へ>
お買い上げくださり有難うございました。ご意見は今後の出版企画の参考とさせていただきます。

ハガキを送ってくださった方には、年末に、小社特製の「渡辺禎雄版画カレンダー」を贈呈します。個人情報は小社、提携キリスト教書店及びキリスト教文書センター以外は使用いたしません。
●問い合わせ先 ： 新教出版社販売部　tel　03－3260－6148
email : eigyo@shinkyo-pb.com

今回お求め頂いた書籍名

お求め頂いた書店名

お求め頂いた書籍、または小社へのご意見、ご感想

お名前	職業

ご住所　〒

電話

今後、随時小社の出版情報をeメールで送らせて頂きたいと存じますので、
お差し支えなければ下記の欄にご記入下さい。

eメール

図 書 購 入 注 文 書

書　　　　　　名	定　　価	申込部数

れは再三申し上げた通り、神の支配は絶対的であり、天皇の支配は第二義的であると、確信するからであります。[18]

おわりに

1946年7月15日、衆議院憲法改正案委員会での逐条審議において、カトリックの信者である田中耕太郎文部大臣は以下のように答弁した。

つまり戦争放棄をなぜ致しましたかと申しますると、西洋の聖典にもございますように、剣を以って立つ者は剣にて滅ぶという原則を根本的に認めるということであると思うのであります。しかしながら、そういう風に考えますと、或いは不正義の戦争を仕掛けてきた場合において、これに対して抵抗しないで不正義を許すのではないかというような疑問を抱く者があるかもしれない。つまり正しい戦争と正しからざる戦争の区別も全然無視して、単に不正なる力に負けてしまうというようなことになりはしないか。そうすると、つまり国際政治におきまして、不正義をこのまま容認するという風な、道義的の感覚を日本人が失うということになっても困るのではないかというようなことも考えられます。しかしながら、決してそれはそうではない。不正義は世の中に永く続くものではない。剣を以って立つ者は剣にて滅ぶという千古の真理に付いて、我々は確信を抱くものであります。[19]

戦後70年を経て、悔い改めの実としての日本国憲法が解釈改憲により壊されつつある。私たちは聖書に拠って立つ教会として政治参与の責任を自覚する。信仰による抵抗権の行使は、私たちの信仰の自由を守るためばかりでなく、日本のための、神への奉仕でもある。

＊　本稿は、２０１６年2月11日に日本基督教団埼玉地区「信教の自由と平和を求める2・11集会」で行った講演「日本にあるキリストの教会の政治的責任――いま立つべきところと為すべきこと」と、4月29日に東久留米キリスト者九条の会で行った講演「聖書に立つ教会の政治参与の責任――新たな国家神道が始まりつつある時代に」に加筆したものである。

（1）　中野晃一『右傾化する日本政治』岩波新書、２０１５年。
（2）　加賀博子編『日なり楯なり――林市造遺稿集』櫂歌書房、１９９５年、55～65頁。
（3）　久山康編『近代日本とキリスト教――大正・昭和篇』基督教学徒兄弟団、１９５６年、354頁。
（4）『日本基督教団資料集2』日本基督教団宣教研究所、１９９８年、276～278頁。
（5）　渡辺信夫「抵抗権について」『抵抗権――その歴史と課題』キリスト者遺族の会、１９８２年。２０１６年には若者に語りかけるように編集された『信仰にもとづく抵抗権』（いのちのことば社）が出版された。
（6）　近藤勝彦『デモクラシーの神学思想――自由の伝統とプロテスタンティズム』教文館、２０００年、69頁。
（7）　丸山忠孝『今日における抵抗権をめぐって』信教の自由東海福音主義者の会公開講座講演記録、

１９９０年。

(8) バルメン宣言第5項。「国家は、教会もその中にあるいまだ救われないこの世にあって、人間的な洞察と人間的な能力の量に従って、暴力の威嚇と行使をなしつつ、法と平和とのために配慮するという課題を、神の定め（Anordnung）によって与えられているということを、聖書はわれわれに語る。教会は、このような神の定めの恩恵を、神に対する感謝と畏敬の中に承認する。教会は、神の国を、また神の戒めと義とを想起せしめ、その事によって統治者と被統治者との責任を想起せしめる。教会は、神がそれによって一切のものを支えたもう御言葉の力に信頼し服従する」。ここでも「秩序 Ordnung」ではなく「定め Anordnung」を用いている。

(9) 口語訳と新改訳が「益を与えるための」と訳す ε□ς τ□ □γαθόν を新共同訳は、「善を行わせるために」と訳しているが、為政者が善・益のための神の僕であることに違いはない。

(10) 宮田光雄『権威と服従――近代日本におけるローマ書十三章』新教出版社。

(11) カルヴァン『キリスト教綱要』第４編20章31節。

(12) 井上哲次郎『教育ト宗教ノ衝突』敬業社、１８９３年（明治26年）、緒言、５頁。

(13) カルヴァン『キリスト教綱要』第４編20章１節。

(14) 植村正久「三種の愛国心」（『福音新報』第52号、１８９６年（明治29年）６月26日。『植村正久著作集』１、新教出版社、１９６６年。

(15) 『矢内原忠雄全集』第18巻、岩波書店、１９６４年、649～650頁

(16) 土佐クリスチャン群像刊行会『土佐クリスチャン群像』１９７９年。

(17) 長崎太郎『宣教者森勝四郎先生とその書簡』１９６１年。

(18) 岩崎誠哉『寺尾喜七の尋問調書』２０１６年１月７日、私家版。

(19) 『帝国議会衆議院議事速記録』国立国会図書館。

「信仰告白の事態」と日本の教会

日本同盟基督教団徳丸町キリスト教会牧師

朝岡 勝

はじめに

7月10日に参議院選挙が行われる。今回の選挙の争点は何かという点について、巷では様々な声が飛び交うが、もっとも重要な争点が「改憲勢力に議席を与えるのかどうか」にあることは明らかであろう。

ひとつの地域教会に仕える牧師で、政治や憲法にはまったくの素人が迂闊なことを言うと、「素人が口を出すな」とすぐさまお叱りの声が飛んできそうだ。しかし憲法によって為政者を縛っていることの国の主権者の一人である私たちが、国のあり方や憲法について自分の思うところを述べることは大事な責任だと思っている。

一人の主権者である以上に、天と地のすべての上におられるまことの主権者なる神を信じるキリスト者として、また毎日、父なる神の御心が天になるごとく、地にもなるようにと祈り続けている者の一人として、その祈りに導かれながら、今のこの国の状況を見据え、これからの私たちのなすべきことをご一緒に考えてみたい。

1. 昨今のこの国の姿

昨年（２０１５年）、私たちは戦後70年という節目の年を過ごした。平和の意味を深く噛みしめるはずのこの年、しかしこの国は、立憲主義を蔑《ないがし》ろにし、一内閣による解釈改憲に基づいて安全保障法制を成立させた。一昨年7月１日の集団的自衛権行使容認の閣議決定と昨年の安保法制成立により、自衛隊の海外での武力行使が可能となり、この国は「積極的平和主義」の名のもとに再び武器を取って戦争ができる国へと大きくかたちを変えてしまったのだ。

①過去40年の流れから

しかし、当然のことながら、ある日突然に今のこの国の状況が現れたわけではない。ためしにこの30年ばかりを大きく振り返ってみよう。１９８５年1月、当時の中曽根首相が第１０２回通常国会の施政方針演説において「戦後政治の総決算」を標榜すると発言し、教育基本法や戦後歴史教育の見直し、靖国神社公式参拝、国家予算における防衛費１％枠の撤廃などを掲げた。その10年後、戦後50年を迎えた１９９５年は、1月17日に阪神淡路大震災が起こり、３月には地下鉄サリン事件が発生するという、社会が騒然とした一年だったが、この夏に戦後50年の村山談話が出され、アジア諸国に対する侵略戦争への謝罪がなされた。さらにその10年後の２００５年、自民党は党発足以来の悲願である自主憲法制定を目指して、新憲法草案を発表する。そして戦後70年を迎えた２０１５年、解釈改憲という禁じ手を使い、国会の外の多くの市民たちの反対の声と、国会内の怒号と混乱の中、安全保障法制が成立したのである。

この間の、２００６年から２００７年の第一次安倍内閣時代、その後の民主党政権と東日本大震災を挟んでの２０１２年から今に至る第二次、第三次安倍政権によって迎えた今の日本の状況を見渡してみると、確実にこの国のかたちが変えられつつあるという思いを強く抱かざるを得ない。安倍晋三という政治家は、１９９３年の初当選以来、自民党タカ派のホープと目されてきた人物で、「歴史教科書問題」や、「ＮＨＫ番組改編問題」、「北朝鮮による拉致被害者問題」などで、故中川昭一議員らとともに活発な活動を行い、保守政治家としての地盤を築いて来た。２００６年の教育基本法改悪以降の一連の動きと、その仕上げとしての改憲を目指す姿勢は、安倍政権の体質と指向性を如実に示すものと言えよう。

②危うい空気感

さらに、昨今、政権与党の国会議員の中から様々な問題発言が続いている。先の国会審議でも、首相の「自分は立法府の長だ」と三権分立の原則を無視する発言があった。それ以外にも与党議員の中から立憲主義の否定や、法的安定性の否定、言論の自由や報道の自由に対する威嚇などの他、「八紘一宇」や「皇紀〇〇年」といったような言葉を平気で口にするという事態が続いている。

また安倍政権の背後にあって天皇制復古・靖国神社国家護持を悲願とする「日本会議」や「神道政治連盟」など右派グループの影響力の増大、歴史教科書問題や従軍慰安婦問題に見られる歴史修正主義的な動き、ヘイトスピーチ問題に象徴される民族差別の顕在化、政治的中立を装う自治体の自主規制、政府によるメディアへの圧力とそれに屈しての沈黙など、「上から」と「下から」が呼応しあうようなナショナリズムが跋扈し、「過剰同調・過剰忖度・過剰自主規制」の動きが日本の各地で、私たちの足もとでも起こって来ている。

2．この国が向かおうとしている姿

①「グローバリズム」と「国家主義」

安倍政権の目指す国家像を分析する多くの専門家の間で、共通して出てくるキーワードに「新自由主義」、「グローバル」、「国家主義」の三つがある。上智大学の中野晃一教授は安倍政権の性格を「新右派連合」とし、その基軸が「新自由主義（ネオリベラリズム）」と「国家主義（ナショナリズム）」にあると指摘する。[1] また、神戸大学の二宮厚美名誉教授は安倍内閣の基本路線が「グローバル競争国家」と「右翼的・復古的国家主義」という「二つのレール」で構成されていると指摘している。[2]

安倍氏の著書。上は2006年出版。下は2013年に「美しい国へ 完全版」の副題で出された。

②「美しい国」の真相

安倍政権の「日本を、取り戻す」というキャッチフレーズで目指されている国家像、それはしばしば「美しい国」と形容され、また「戦後レジームからの脱却」と言われるものだが、それはちょうど明治維新期の日本が経済力、軍事力を含めたトータルな意味での「国力」を増して、欧米列強の仲間入りを強く指向したことと相似している。

経済におけるアベノミクス路線、愛国心の鼓舞とグローバリズムの強調、国力強化に方向付けられた教育への露骨な介入、集団的自衛権行使や武器輸出の解禁などは、いずれもかつての明治政府が目指した富国強兵、脱亜入欧、和魂洋才を基軸とした国家像を思い起こさせる。そしてこれらの国家像を、日米安保体制の強化と、沖縄の基地固定化に如実にあらわれている対米追従路線というレールに載せ替え、よりいっそう加速させ、徹底させたものが、今の政権が向かおうとしている国の姿なのではないだろうか。

安倍政権の看板政策であるアベノミクスは、日銀主導の異次元金融緩和によるデフレ脱却によって企業の利益を増大させ、それによって雇用を生み出し、消費を押し上げ、日本経済を復活させるというものだが、現実には経済格差を増長させ、人間破壊を推し進めるという結果になりつつある。[3] 政府はアベノミクスによって雇用が増加したとその成果を強調するが、実際に増えているのは非正規雇用者や医療や福祉、保育従事者という低報酬層の人々で、それらの人々の給与所得は減っており、いわゆる「ワーキング・プア」、貧困層は拡大している。またアベノミクスは、金融緩和や法人税率の引き下げなどによって大企業に対して様々な優遇措置をおこない、実際に企業業績は上昇しているが、それによってもたらされた利益は雇用者に還元されることなく、むしろ大企業の内部留保は過去最高額になっているという現実がある。さらに「パナマ文書」で明らかになったように、タックスヘイブンによる租税措置によって大企業の納税逃れは常態化し、一部の富裕層と多数の貧困層の格差は著しく拡大を続けている。

貧困ゆえに劣悪な環境に追いやられる子どもや若者たち。将来に展望を持てず、年収200万円以下の非正規雇用の現実の中で喘ぐ人々。年老いてなお老後の安定した生活を維持できないお年寄り。こうして富む人々はますます富み、貧しい人々はますます貧しくなっていき、人としての尊厳が壊されていくという現実が進んでしまっている。これが「美しい国」と呼ばれる社会の現実かと思うと、やりきれない思いになる。

③「グローバリズム」と「内向化」の矛盾

経済政策や教育政策をはじめとして、様々な分野で「グローバル化」を叫ぶ声が強まる一方で、社会の中に内向きなナショナリズムが広がりつつある。グローバル化を叫びながら内向化の度合いを強めるという矛盾した状況が生まれているのである。

たとえば先の安保法制に関する国会審議においては、現実に世界の紛争地で平和活動に従事する専門家たちからはリアリティを欠くと批判され、戦争行為の一環である「兵站《へいたん》」を「後方支援」と言い換える、世界の軍事常識にもとるような姑息な語法が批判された。さらに従軍慰安婦問題に象徴されるような女性の人権に対する感覚の大きなズレや、特定秘密保護法に対する思想信条や言論の自由の観点からの懸念、報道の自由度の著しい低下、世界的な課題である難民問題への無関心、対米追従一辺倒のゆえに世界的な核放棄の議論に加われない現実、東京オリンピック招致における原発の「アンダーコントロール発言」や、招致委員会による不透明な金銭支出などなど。

自分たちのあいだでしか通用しない内向きな論理や倫理が、あたかも世界で通用する標準的な考えであるかのように錯覚するというような場面があちらこちらで見受けられる。このような現象が続くならば、やがて世界の中で孤立し、しかもなぜ孤立するかが理解できないために、それに対して感情的に反応するという、昭和初期の戦争に突入していった時のような時代の空気が繰り返されるのではないかとの懸念を抱いてしまうのだ。

④「ナルシスト型国家」？

そもそも「私がこの国の最高権力者」と臆面なく語ってしまうような首相と、それを担ぐ政権が向かおうとする国の姿は、自分を現実以上に大きく見せようとする誇大妄想、他者からの過剰な賛美の欲求、その一方での他者への共感の欠如、自己愛的な傾向、自分は特別な存在であり特別の階級に属しているという特権意識、尊大で傲慢な態度など、「ナルシスト型国家」とも呼べるような状況に陥っており、あやうい空気をはらんでいると思われてならない。

こうした傾向が生まれてくる背景には、この国が長く内包している「神国日本」という歪んだ選民意識、八紘一宇思想の背景となる根深いアジア蔑視の意識、そして親米保守という矛盾した姿勢に現れる、欧米列強への憧れと敗戦国としての屈辱とが入り交じった、複雑な心理が働いているのではないだろうか。

3. 自民党憲法草案から見えてくる国の姿

改憲の話題はにわかに起こったことではないが、これまでの「改憲・護憲」を巡る様々な議論の状況と、今の状況が全く異なるのは、現在の為政者たちが、主権者である国民が憲法によって為政者を縛るという立憲民主主義の大原則を理解していないこと、現行憲法を「押しつけられたもの」としてその価値を認めないばかりか、「みっともない憲法」としてこれを嫌悪していること、そのような流れの中で、すでに憲法改正のための「国民投票法」が成立していること、そして現実問題として、今回の参院選の結果次第では、改憲発議が可能になるということである。

①改憲手続きと国民投票

2007年5月14日、「日本国憲法の改正手続に関する法律」（いわゆる「国民投票法」）が成立し、同月18日に公布、3年後の2010年5月18日に施行された。この法律は議員立法でありながら、第一次安倍内閣が改憲を実行するため制定を急いだこともあって、成立に際して18項目にも及ぶ付帯決議が付いたいわくつきの法律である。

しかも改憲を願う勢力に有利に働きかねないいくつかの点が指摘されている。たとえば最低投票率が定められていないこと、憲法96条が国民投票で「過半数の賛成を必要とする」としている「過半数」の母数を、「有効投票総数」という低いラインに設定していること、改正案の投票対象が条文個別になるのか、一括になるのかが明確にされていないこと、公務員・教員が地位を利用して運動することを禁止しているもののその定義が不明確であり、規定自体が憲法21条に抵触する可能性があること、改憲の発議から投票日までの期間が60日から180日となっており、周知期間が短すぎる点などである。

②自民党憲法草案の問題点

自民党は2012年4月に、「日本国憲法改正草案」（以下「自民党改憲草案」とする）を発表した。[4]この草案については、すでに多くの専門家たちが数多くの問題点を指摘している。[5]それらをまとめてみると、次の6つの点に集約することができよう。第一に立憲主義と国民主権の否定、第二に基本的人権の尊重を否定し、個人より国家を優先する姿勢、第三に天皇制国家の価値観の強要、第四に信教の自由と政教分離原則のなし崩しと国家の宗教への介入・宗教の政治利用、第五に平和主義の放棄と戦争ができる国への転換、そして第六に緊急事態条項の新設による全権委任法出現への懸念である。

③ 立憲主義と国民主権の否定

近代立憲主義とは、18世紀のフランス人権宣言が明らかにしたように、「基本的人権・国民主権・権力分立」を保証した憲法によって国家権力を拘束するという考え方であり、私たちの国も、戦後、かつての天皇を君主とする政治体制から転換して、国民主権に基づく憲法を定めたという経緯がある。憲法前文が「日本国民は……」を主語として始まっていることがこの事実を象徴している。

ところが自民党改憲草案は、前文の書き出しで「日本国は、長い歴史と固有の文化を持ち、国民統合の象徴である天皇を戴く国家であって、国民主権の下、立法、行政及び司法の三権分立に基づいて統治される」とし、国民よりも先に「国」と「天皇」が掲げられ、続いて「国民主権」の文言が登場する。文中でも「国と郷土を誇りと気概を持って自ら守り」、「和を尊び、家族や社会全体が互いに助け合って国家を形成」し、「自由と規律を重んじ、美しい国土と自然環境をも守りつつ、教育や科学技術を振興し、活力ある経済活動を通じて国を成長させ」、「良き伝統と我々の国家を末永く子孫に継承する」といった文言が続き、この憲法の特色である「国家が求める国民像」が色濃く映し出されている。

さらには憲法99条の「天皇又は摂政及び国務大臣、国会議員、裁判官その他の公務員は、この憲法を尊重し擁護する義務を負ふ」という憲法遵守義務を外し、むしろ自民党改憲草案102条で「全て国民は、この憲法を尊重しなければならない。２　国会議員、国務大臣、裁判官その他の公務員は、この憲法を擁護する義務を負う」として、主権者である国民が為政者を縛るという立憲主義を全く逆転させて、国民に憲法尊重義務を課すという結果になってしまっているのである。

④基本的人権尊重を否定し、個人よりも国家を優先する姿勢

「基本的人権の尊重」は、近代民主主義国家の大前提とも言うべきもので、憲法97条には次のようにうたわれている。

この憲法が日本国民に保障する基本的人権は、人類の多年にわたる自由獲得の努力の成果であつて、これらの権利は、過去幾多の試錬に堪へ、現在及び将来の国民に対し、侵すことのできない永久の権利として信託されたものである。

ところが驚くことに、自民党改憲草案はこの条文をまるごと削除してしまっている。条文が削られたことで、その思想そのものを否定していると結論づけるのは性急かもしれないが、しかし憲法97条をあっさりと削除してしまうセンスに懸念を抱かせられる。また憲法13条の「すべて国民は、個人として尊重される」を、自民党改憲草案13条では「全て国民は、人として尊重される」として「個」が削除される。個人において尊重される人間の尊厳についての理解の浅薄さが表れているといえよう。この点は《神のかたち》として造られた「ひとり」の尊厳を教えられているキリスト者としては、見過ごすことのできない重要な変更点と言わなければならない。

また、今回の草案の特徴は、国民の権利以上に義務が強調されている点にある。しかも国民の権利についても12条、13条、21条、29条などでは「公共の福祉に反しない限り」という現行憲法の但し書きが「公益および公の秩序に反しない限り」と改められている。「公共の福祉」が「公益および公の秩序」と言い換えられているのも重大な変更点であるが、現政権の体質から想像するならば、たとえば政権に批判的なデモや報道、出版は「公の秩序に反する」という文言の前に萎縮させられる可能性があるだろうし、労働者のストライキ権なども「公益に反する」という文言ゆえに行使しづらくことが起こり得るのではないか。いずれにせよ、個人よりも国家を優先する姿勢がどんどん強められていく危険があるだろう。

これらに共通している考え方は、西洋的な個人主義を大幅に制限し、個人よりも国家や公の秩序を優先しようとするものだ。自民党憲法改正推進本部によれば、現憲法は基本的にアメリカからの「押し付け」であり、その人権思想は西洋的な「天賦人権説」であって、自分たちはそのような思想には立たないという考えがにじみ出ている。

事実、改憲草案のQ&AのQ2には「今回の草案では、日本にふさわしい憲法改正草案とするため、まず、翻訳口調の言い回しや天賦人権説に基づく規定振りを全面的に見直しました」とある。[6] さらにQ14では「人権規定も、我が国の歴史、文化、伝統を踏まえたものであることも必要だと考えます。現行憲法の規定の中には、西欧の天賦人権説に基づいて規定されていると思われるものが散見されることから、こうした規定は改める必要があると考えました」として、近代民主主義の根底にある

「基本的人権」を西欧的であり、「行きすぎた個人主義」[7]という理由であっさりと削除してしまうのだ。こういうところにも現政権が内包する、グローバル化に逆行する内向きな性格が露見している。

これ以外にも、個人の人権を制限し、国家に仕える臣民といわんばかりの義務・責務を定める条文はあちらこちらに見出され、自民党改憲草案は「人権の章典から義務・責務の章典へと改変しようとしている」との指摘もされている。[8]

⑤天皇制国家の価値観を強要

国民主権や基本的人権尊重の否定との関連で注意すべきなのが、天皇制国家の価値観を強要する条文の存在である。自民党改憲草案1条には、「天皇は、日本国の元首であり、日本国及び日本国民統合の象徴であって、その地位は、主権の存する日本国民の総意に基づく」とある。前文でも「天皇を戴く国家」と記されたように、改憲草案は天皇を「元首」と明記することで国民主権を形骸化しようとしている。天皇制の政治利用の問題は、安倍政権の大きな特徴の一つでもある。

また、自民党改憲草案3条に「国旗は日章旗とし、国歌は君が代とする。2 日本国民は、国旗及び国歌を尊重しなければならない」との条文が新設され、昨今の日の丸・君が代強制反対の動きを封じ込めるばかりか、内面の良心の自由や価値の領域に国家が踏み込んでいる。もしこのような条文が明文化されることになれば、たとえば将来、日の丸の旗を燃やすと「国旗損壊罪」、天皇制に反対するような言動をすると「不敬罪」などと問われる可能性も出てくるのではないか。さらに、自民党改憲草案4条では「元号は、法律の定めるところにより、皇位の継承のあったときに制定する」として、万世一系の記紀神話に基づく天皇制国家の強化を図ろうとしている。⑨

さらに、改憲を願う人々の中で、特に悲願とされているのが、自民党改憲草案24条、家族条項の実現だ。そこでは「家族は、社会の自然かつ基礎的な単位として、尊重される。家族は、互いに助け合わなければならない」として、家族のあり方という私的な領域にまで国が関与しようとしている。家族の問題は、日本の価値や伝統を守りたいと考える保守運動の価値観の中心にある。しかもそこでの家族観は、きわめて封建的な家父長制度の延長線上に位置づけられる。たとえば「日本会議」系の諸団体が、男女同権や夫婦別姓の推進に強く反対し、フェニミズムを嫌悪し、父親、母親の役割を固定しようとする主張を繰り返す背景には、基本的人権を否定し、「イエ・ムラ・クニ」を貫く天皇制国家の価値観、天皇の赤子、臣民たる国民という価値観を押し付けてくる、自民党改憲草案の思想が示されていると言えよう。

⑥信教の自由・政教分離原則のなし崩しと、国家の宗教への介入・宗教の政治利用

今回の自民党改憲草案の中で、信仰に生きる私たちがもっとも注意しなければならないものが、憲法20条と89条に関する議論だ。憲法20条は次のように言う。「1 信教の自由は、何人に対してもこれを保障する。いかなる宗教団体も、国から特権を受け、又は政治上の権力を行使してはならない。2 何人も、宗教上の行為、祝典、儀式又は行事に参加することを強制されない。3 国及びその機関は、宗教教育その他いかなる宗教的活動もしてはならない」。しかし自民党改憲草案20条は「1 信教の自由は、保障する。国は、いかなる宗教団体に対しても、特権を与えてはならない。2 何人も、宗教

上の行為、祝典、儀式又は行事に参加することを強制されない。３国及び地方自治体その他の公共団体は、特定の宗教のための教育その他の宗教的活動をしてはならない。ただし、社会的儀礼又は習俗的行為の範囲を超えないものについては、この限りでない」となっている。

また憲法89条の「公金その他の公の財産は、宗教上の組織若しくは団体の使用、便益若しくは維持のため、又は公の支配に属しない慈善、教育若しくは博愛の事業に対し、これを支出し、又はその利用に供してはならない」を、自民党改憲草案89条では「公金その他の公の財産は、第二十条第三項ただし書に規定する場合を除き、宗教的活動を行う組織若しくは団体の使用、便宜若しくは維持のため支出し、又はその利用に供してはならない。（２は略）」としている。

ここで問題となるのは、改憲草案20条３の「国及び地方自治体その他の公共団体は、特定の宗教のための教育その他の宗教的活動をしてはならない。ただし、社会的儀礼又は習俗的行為の範囲を超えないものについては、この限りでない」の但し書き部分だ。この但し書きの解釈や運用次第では、政教分離の原則がなし崩しにされ、ひいては信教の自由そのものが侵害され、崩されていく端緒となるだろう。事実、改憲草案Ｑ＆ＡのＱ23では「最高裁判例を参考にして後段を加え、『社会的儀礼又は習俗的行為の範囲を超えないもの』については、国や地方団体による宗教的活動の禁止の対象から外しました。これにより、地鎮祭に当たって公費から玉串料を支出するなどの問題が解決されます」としている。

さらに自民党改憲草案の起草責任者である磯崎陽輔参議院議員自身の解説では、「靖国神社参拝も、明文の規定をもって、禁止されないことになります」とされており、ここにこの条文の真のねらいがある。[10]

もし、首相の靖国参拝や神社への公費出費を可能とする条文が憲法に書き込まれれば、従来の岩手靖国訴訟、津地鎮祭訴訟、箕面忠魂碑訴訟、愛媛玉串料訴訟、砂川政教分離訴訟などをはじめとし、歴代首相や閣僚、議員、知事などの靖国神社参拝を問う違憲訴訟、昭和天皇の代替わりと大嘗祭に関して政教分離原則への違反を問うた訴訟など、これまで問われてきた問題はすべて過去の事柄として葬り去られ、もはやこれらの問題を問うことすらできなくなる。

それればかりではない。このような意図による条文改正であるならば、将来的には首相、閣僚、ひいては天皇の靖国神社公式参拝、さらには神社非宗教論の復活とそれに基づく国民の神社参拝強制、靖国神社や伊勢神宮、明治神宮の国営化など、国家の宗教への露骨な介入と宗教の政治利用による天皇制支配へと道を拓くものになりかねない。これはかつて国民儀礼の名の下に天皇崇拝、神社参拝に屈してきた罪責を担う日本の教会にとっては絶対に阻止しなければならないものであり、私たちの信仰告白的な闘いの焦点であると言えるだろう。

⑦平和主義の放棄と戦争ができる国への転換

憲法20条の問題と並んで、私たちにとっての喫緊の課題となるのが、「平和主義」から「安全保障」への大転換となる憲法9条を巡っての議論である。憲法9条を確認しよう。

日本国民は、正義と秩序を基調とする国際平和を誠実に希求し、国権の発動たる戦争と、武力による威嚇又は武力の行使は、国際紛争を解決する手段としては、永久にこれを放棄する。2 前項の目的を達するため、陸海空軍その他の戦力は、これを保持しない。国の交戦権は、これを認めない。

これに対して自民党改憲草案9条は「日本国民は、正義と秩序を基調とする国際平和を誠実に希求し、国権の発動としての戦争を放棄し、武力による威嚇及び武力の行使は、国際紛争を解決する手段としては用いない。2 前項の規定は、自衛権の発動を妨げるものではない」となっている。また改憲草案は憲法9条2の「戦力保持と交戦権の否認」を削除し、かわって2項を新設し、以下のような大幅な加筆を行っている。

我が国の平和と独立並びに国及び国民の安全を確保するため、内閣総理大臣を最高指揮官とする国防軍を保持する。2 国防軍は、前項の規定による任務を遂行する際は、法律の定めるところにより、国会の承認その他の統制に服する。3 国防軍は、第一項に規定する任務を遂行するための活動のほか、法律の定めるところにより、国際社会の平和と安全を確保するために国際的に協調して行われる活動及び公の秩序を維持し、又は国民の生命若しくは自由を守るための活動を行うことができる。4 前二項に定めるもののほか、国防軍の組織、統制及び機密の保持に関する事項は法律で定める。5 国防軍に属する軍人その他の公務員がその職務に伴う罪又は国防軍の機密に関する罪を犯した場合の裁判を行うため、法律の定めるところにより、国防軍に審判所を置く。この場合においては、被告人が裁判所で上訴する権利は、保障されなければならない。

ここでのポイントは、自衛隊に代わる「国防軍」の新設と、軍法裁判所にあたる「審判所」の設置である。

さらに三項では「国は、主権と独立を守るため、国民と協力して、領土、領海及び領空を保全し、その資源を確保しなければならない」として国民に領土保全のための協力の責務を課している。

憲法9条を巡る問題はそれだけで一つのテーマとして扱うべき重要事項であり、ここではあまり立ち入った議論をすることはできないが、少なくとも自衛隊が国防軍になることは、単なる名称の変更にとどまらず、自衛隊の性格を根本的に変えることを意味する。すなわち、すでに解釈改憲によって可能となってしまった集団的自衛権の行使容認をはじめ、専守防衛から海外派兵と武力行使への方針転換、軍としての行動原則のポジティブリストからネガティブリストへの転換などが生じるだろう。また国内の騒乱の際などの治安出動や有事の際の国民の権利の制限など、これまで着々と周辺事態法、有事法制によって準備されてきた事態が憲法に明文化され、さらに審判所の設置規定が、憲法32条の裁判を受ける権利や82条の裁判公開の原則に抵触し、基本的人権が侵害される恐れを生むなど、平和主義から安全保障への大転換を遂げようとしているのだ。

ここで、1934年8月にドイツの牧師、神学者であったディートリヒ・ボンヘッファーがデンマークのファネーで行った有名な講演、「教会と世界の諸民族」の一節を思い起こしたい。ここには「安全保障」という言葉に込められた、敵を作る心とその根本にある他者を恐れる心が見事に言い表されている。

いかにして平和はなるのか。平和の保証という目的のために、各方面で平和的な再軍備をすることによってであるか。違う。その理由の一つは、これらすべてを通して、平和と安全とが混同され、取り違えられているからだ。安全の道を通って〈平和〉に至る道は存在しない。なぜなら、平和はあえてなされなければならないことであり、それは一つの偉大な冒険であるからだ。それは決して安全保障の道ではない。平和は安全保障の反対である。安全を求めるということは、「相手に対する不信感」をもっているということである。そしてこの不信感が、ふたたび戦争を引き起こすのである。……武器をもってする戦いには、勝利はない。(11)

⑧緊急事態条項による全権委任法の出現

解釈改憲による憲法9条改正への反対世論が根強いこともあってか、安倍政権は来たる参議院選挙での憲法改正の必要を訴えるための目玉として、新たに設けられた「緊急事態条項」を前面に押し出そうとしている。

自民党改憲草案98条には「内閣総理大臣は、我が国に対する外部からの武力攻撃、内乱等による社会秩序の混乱、地震等による大規模な自然災害その他の法律で定める緊急事態において、特に必要があると認めるときは、法律の定めるところにより、閣議にかけて、緊急事態の宣言を発することができる」とある。改憲草案Q＆AのQ39には、「有事や大規模災害などが発生したときに、緊急事態の宣言を行い、内閣総理大臣等に一時的に緊急事態に対処するための権限を付与することができることなどを規定しました。……今回の草案では、東日本大震災における政府の対応の反省も踏まえて、緊急事態に対処するための仕組みを、憲法上明確に規定しました」と説明されている。しかし専門家たちによれば、実際には災害対策基本法や災害救助法、その他数々の関連法規によってすでに、上記で想定されているような事態に対処する法整備はなされているという。その上で、緊急事態条項を憲法に書き加える意図はどこにあるのだろうか。

多くの憲法学者が指摘するように、いわゆる「国家緊急権」とは、緊急事態の際にとられる一時的措置とはいえ、国民の主権を著しく制限し、国家権力者にフリーハンドを与える「全権委任法」と呼ばれ、その運用によっては国家の独裁さえ許しかねない「諸刃の剣」と言われるものだ。[12]それだけに東日本大震災、そして4月に起こった熊本震災を引き合いにして緊急事態条項の必要を訴え、それをもって憲法改正の主眼に置くことは、「惨事便乗型」の改憲と言わなければならないだろう。[13]

1933年5月24日、国会で全権委任法への賛同を求めて演説するヒトラー。

早稲田大学の水島朝穂教授は、そもそも自民党改憲草案が緊急事態条項を盛り込んでいることの拙速さとともに、改憲草案98条、99条の問題点として次の四点を挙げている。第一に、緊急事態の定義が曖昧であること、第二に、条文中に法律への委任が多用され、運用次第では統治者側に濫用される危険性があること、第三に、法律と同一効力を持つ政令の制定権が緊急事態においては内閣に移されるとされ、場合によっては立法権が行政権によって簒奪されるという事態が起こりかねないこと、第四に、緊急事態に際しての国民の権利制限が広範に及び、かつ執拗に定められ、専断性が全体を覆っていることである。[14]

以上の点からも、緊急事態条項の持つ危険性が、かつてのナチス・ドイツにおける「全権委任法」との比較の中で指摘されるのも、あながち理由のないことではないのである。

4. 安倍政権の背後にある宗教的なもの

①「日本会議」と草の根保守運動

最近、話題になっている二つの本を紹介したい。一つはジャーナリストの菅野完氏による『日本会議の研究』、いま一つは東京工業大学の中島岳志教授と上智大学の島薗進教授による『愛国と信仰の構造——全体主義はよみがえるのか』だ。[15]

前者は、以前から話題になっている安倍政権の強力な支持母体である「日本会議」の実態を明らかにした労作で、日本会議側から出版差し止めの要望が出たこと、出版元が保守系の扶桑社であること、初版が品切れになったことから右派が買い占めたのではないかと憶測が飛んだことなどから、一躍注目を浴びた。本書のポイントは、現政権の多くが名を連ねているにもかかわらず、その実態がこれまで明らかにされてこなかった「日本会議」の背景を丹念に掘り起こした点にある。

その結果、実際の運営母体は「日本青年協議会」という右翼系団体であること、その中核を担うメンバーは「生長の家原理主義者」と呼びうる人々であること、彼らは1960年代から70年代にかけて安保闘争時に左翼派学生と対抗した右翼民族派・生長の家学生運動の出身者であること、彼らの究極の目的は生長の家教祖の谷口雅春が唱えた「明治憲法復元運動」にあること、この目標達成のために長年にわたり、多くの別働組織を作って地道な署名活動や街頭演説、ネット活動を繰り返す一方、神道系・仏教系・新宗教系の諸宗教団体を束ねる強い宗教性を帯びていること、各地に地方組織を作って各自治体の議会に働きかけ、それらの成果を積み上げて世論を動かすという草の根型の運動形態をもっていることなどが明らかにされた。

彼らは決してどちらに転ぶか分からない、いわゆる「浮動票」、「無党派層」頼みの世論形成戦略でなく、確実に支持者を掘り起こし、取り込んでいくという手法をもって、これまでにも歴史教科書採択運動や男女共同参画バッシング運動を成功させ、今は各地方議会で「憲法改正の早期実現を求める地方議会決議」を繰り返しているという。つまり、日本会議の影響力の大きさは、一朝一夕に成ったものでなく、長年にわたる地道な市民運動の成果だというのだ。

私たちはこれらを単なる政治運動と見るだけでは不十分だろう。菅野氏によれば、日本会議の中枢を担う「生長の家原理主義者」のリーダーとされる安東巌氏は、若き日の奇蹟的な治癒体験を原点として、谷口教祖からも信仰の手本とされた人物で、今も「生長の家」の教化部長の任にあるという。表だった政治的活動は控えているようだが、日本会議の中枢メンバーたちに、その宗教的なカリスマによって大きな影響を与えているとも指摘されている。こうした点からも、安倍政権を後押しする日本会議の存在と運動の根本動因が「宗教的なもの」であることを捉える必要があるだろう。[16]

②国家神道体制復活への道

後者は、政治学者と宗教学者の対談だが、特に宗教学者の島薗教授は現在の日本の状況を「宗教的ナショナリズム」と分析する。そして、靖国神社、伊勢神宮、皇室典範の重視、歴史教育における皇国思想と愛国心の強調、教育基本法改正後の教育勅語復古を目指すような道徳教育導入の運動を通して、戦前の「国体論」が掲げた天皇中心の神国思想と、それによる全体主義の空気が再びこの国を覆い始めていることを指摘し、「国家神道が支配力を持っていた戦前日本の精神史に対する健忘症に影響されていないだろうか」と警告している。

これとの関連で、岩波の雑誌『世界』２０１６年6月号に掲載された、島薗教授と国際日本文化研究センターのジョン・ブリーン教授の対談「伊勢神宮と国家儀礼――その歴史と政治を巡って」が興味深い。[17] そこでブリーン氏は、２０１３年の伊勢神宮式年遷宮の際の安倍首相の参列に注目する。首相や閣僚による年頭の伊勢神宮参拝はほぼ慣例化しており、これはこれで問題なのだが、式年遷宮における首相の参拝は、戦前の１９２９年の浜口首相に次ぐ二度目のことで、伊勢神宮の非私事化と公共性の付与による「再神聖化」を意味するという。そして毎年正月に繰り返される首相の伊勢神宮参拝から過日開催された伊勢志摩サミットへの流れを「神宮の真姿顕現運動」（神宮の真の姿を世に示す運動）の一貫と位置づけ、政治と「聖なるもの」との密着だと指摘している。

これを伊勢神宮の国家機関としての意味付与と国家神道体制の復活への布石と見れば、先に指摘した自民党改憲草案20条の問題や、いずれやって来るXデーとの関係も含めて、国家神道体制再生への道が着々と敷かれていると言えるのではないだろうか。特に安倍首相の伊勢志摩サミットへの思い入れの強さは尋常でなく、この間、福島第一原発の廃炉作業も一時中断されたほどだった。またサミットに参加する各国首脳が伊勢神宮を訪れ、「参拝」という形式を採らずとも、首相の出迎えで各国首脳が神宮の境内に入っていく光景は、まさしく政治による宗教利用と言わなければならないだろう。

こうしてみると、宗教的動因をもって政治を後押し、自らの宗教的な理想を実現しようとする力と、宗教に接近し、宗教や儀礼を利用して政治権力を安定させようとする力とが、あうんの呼吸で相互補

式年遷宮に際して伊勢神宮を参拝する安倍首相と閣僚たち(2013年10月)。

完的に働いているというのが、今のこの国の政治と宗教の姿と見えるのである。

5．信仰告白の事態と日本の教会

①「信仰告白の事態」との認識

これまで見てきたような状況をあらためて見渡す時、いよいよ日本の教会も、いわゆる「信仰告白の事態」（status confessionis）の中に生きなければならない時代を迎えているとの思いを強く抱く。ただし、この思いがどれほどのキリスト者との間で共有できるかと問われれば、はなはだ心許ない。実際に、このような状況の認識を示したところ「自分はそうは思わない」、「極端すぎる」、「まだその段階ではない」という慎重な声をいくつも聞いてきた。

確かに、何をもって「信仰告白の事態」が到来したと言えるのか、その共通の目印を設定することは容易ではない。そして独りよがりで独善的な態度に陥る過ちは避けなければならない。しかし、少数であっても同じような状況認識を持つ人々があり、しかも比較的に若い世代のキリスト者たちの中で、そのような危機感を持つ人々があることで、キリスト者としてこの意識を共有している方々があるならば、ぜひ連帯して情報を交換し、学び合い、祈りを重ね、今後、何かしら実際の行動が必要になってくる時のために準備を始めたいと考えるようになった。「いざ」というときに何の準備もできておらず「手遅れだった」ということになりたくない、という思いを抱いたのである。しかし状況はよりいっそう深刻さを増していると言わなければならないだろう。

②「信仰告白の事態」とは何か

そもそも「信仰告白の事態」（status confessionis）とは何であるのか、その歴史的な経緯を渡辺信夫牧師の講演「信仰告白の事態」に拠って考えたい。[18]

16世紀半ばから後半にかけて、神聖ドイツ帝国の前に敗北を喫したシュマルカルデン同盟の諸領邦は、皇帝カール五世の圧力を受けてローマ・カトリック教会との妥協を迫られていくこととなった。これに対してシュマルカルデン同盟下のルター派教会が抵抗を続けたため、１５４８年、皇帝はカトリックとルター派相互の神学的調停の意図も込めながら、ルター派教会に対して「アウクスブルク仮信条協定」（インテリム）の受け入れを要求する。しかし実際には全26条からなるこの条文の内容は、ローマ・カトリック教会の教理への全面的な妥協を強いるものであり、ルター派教会側はこれに猛反発した。

すると皇帝は当初の協定に若干の修正を図った「ライプツィヒ仮信条協定」を新たに作成し、再びルター派への同意を求める。この要求に対して、カトリックの圧力を間近にする南西ドイツの教会の神学者たち、特にメランヒトン、ブーゲンハーゲンといった神学者たちはインテリムの受け入れに傾くことになるのだが、その際に彼らが用いた神学理論がいわゆる「アディアフォラ」（どちらでもよいもの）の教説であった。すなわちルター派諸教会にとって「教会が立ちもし、倒れもする条項」と呼んだ中心教理である「信仰義認論」が脅かされない限りは、その他の事柄は基本的に「アディアフォラ」であるとしたのである。

これに対して、ドイツ東部の正統的ルター派に属する神学者アムスドルフやマクデブルクのフラキウスといった人々は、メランヒトンたちの調停的かつ妥協的な立場に真っ向から反対し、「信仰告白と躓きの事態において（in statu confessionis et scandali）はアディアフォラは存在しない」と主張した。これが「信仰告白の事態」（status confessionis）という用語の始まりである。やがてルター派内において、メランヒトンの立場があまりに妥協的に過ぎるとの批判を受けて斥けられる中で、フラキウスたちの理論はルター派の正統的な立場として取り入れられていくようになった。

以上のような16世紀のルター派正統主義の時代の神学概念が、あらためてアクチュアルな問題として意識されるようになったのは、教会が国家権力と向き合う中で、キリストの主権を告白することが脅かされる状況が起こってきた時だった。その顕著なあらわれが20世紀前半に起こった第二次世界大戦下での「ドイツ告白教会闘争」であり、その闘いが生み出した記念碑的な宣言が「ドイツ福音主義教会の今日の状況に対する神学的宣言」、通称「バルメン宣言」である。[19]

③「信仰告白の事態」と日本の教会

今日の日本の置かれている状況を「信仰告白の事態」にあると認識することは果たして妥当か。そうであるならばその認識を支える根拠は何か。このことを明らかにするには、私自身がどうしてそのような認識に至ったのかということを明らかにする必要があるだろう。そこで四つほどのことを述べておきたい。第一に、そもそもどうして今の状況を信仰告白の事態ととらえるのかということ、第二に、その事態が信仰告白の事態であるとする基準は何かということ、第三に、それは教会や信仰者だけに関わる問題かということ、そして第四に、信仰告白の事態になったら我々はどうするのかということである。

私が今の状況を「信仰告白の事態」にあると認識しはじめた最初のきっかけは、東京都教育委員会による２００３年の10・23通達、そして大阪での条例化以来、公立学校の教師たちに対する日の丸・君が代強制が始まったことである。かつてカール・バルトがボン大学の教壇に立っていた際に、ナチ政権によって公務員にはヒトラーへの全面的な忠誠を誓う宣誓が義務づけられた。このとき、バルトはこれを「信仰告白の事態」と認識して拒否し、裁判にかけられ、罷免された。日の丸・君が代強制の問題は、信仰者である教師たちにとってはまさにバルトの立たされた状況と通じるところがあり、しかもそれは単に教師たちだけの問題では済まない、我々の信仰告白の問題と通底しているだろう。[20]

確かに、日の丸・君が代問題についてもキリスト者たちのスタンスは一様ではない。旗や歌が問題なのか、それとも強制が問題なのか、そもそも「日の丸」と「君が代」は価値中立であるか、それは偶像性を帯びてはいないのか、むしろパウロがローマ書で扱った「偶像にささげた肉」のようなアディアフォラ案件なのではないか、など論点は様々にある。

しかし、日の丸に対しての拝礼や起立の上での君が代斉唱を強制するという行為の中に、偶像礼拝性が色濃くにじみ出ている。そして国家がそのような偶像礼拝的な行為を強制し、不服従の場合はペナルティを科すという現状は、ヨハネ黙示録13章が描き出す国家の獣化を予感させる。

第二に、その事態が信仰告白の事態であるとする基準は何かということがある。現実には、これが一番難しい問題だと思う。ある特定の日付けをもって「今からが信仰告白の事態である」と宣言されるようなものではないからだ。たとえて言うならば、水位計のようなものがあり、ある出来事によっ

うようなことで警報が鳴るというように達したということで警報が鳴るというよ

て次第に水位が上がり、あるラインを超えると危険水域に達したということで警報が鳴るというような、だれでも分かる明確で客観的な判定基準が設けられる問題とは性質が異なるだろう。そう考えると、ひとつの事態を前にして、これはアディアフォラなことか、そうでないか、信仰告白の事態であるか、そうでないかの識別は、突き詰めれば各人の信仰の良心が察知し、反応することになるのだろう。

しかし、それだけでは場合によっては個人の主観に傾き過ぎて、事柄によってはあらゆることが信仰告白の事態ということにもなりかねない。そもそも信仰告白の事態に際しての闘いは、教会が主体にならねばならず、個人の認識や見解の違いに依存していては、闘いの構えすらとることができなくなるだろう。この点で、教会内での議論はもちろんのこと、教団や教派としての抵抗の姿勢をとることがはじまるだろう。そして共通理解の形成や、会議における議決などはできるかぎり尊重されなければならない。

とはいえ、この点は現実問題としては最もハードルが高い。現在においても教会内での見解の幅の拡がりは、規模の違いこそあれ世論の拡がりとほぼ相似形を形づくっているように見える。その中で議論をすれば教会を二分することにさえなりかねず、やはり政治問題について教会は沈黙すべし、という結論に至ることも予想されるのだ。ナチ時代の告白教会会議は、教会法的な手順に沿った議論を決して疎かにはしなかったものの、それでも最終的には「緊急権」の確立をもって、すなわち国家の公認教会であった「帝国教会」から見れば違法とされる手続きをもって、抵抗運動を繰り広げていった。こうした過去を振り返ってみると、今の状況が「信仰告白の事態」だと信仰の良心が察知した人が声を挙げ、同じようにそれを察知した人が連帯し、その声が受け取られ、広げられていくか否かによって事柄が判断されるというのが一つの姿なのではないか。これは「事態」(status)ということが孕むある種の限界なのかもしれない。

第三に、それは教会や信仰者だけに関わる問題かということがある。信仰告白の事態を考えるときに、直接的にはその事柄が教会の存続に関わるか、信仰の保持が脅かされることにならないか、ということが当面の課題となるだろうが、果たしてそれだけでよいのか、という問いが生まれる。もしそれでよいとすれば、当面、教会や信仰者には直接に関わりがないと見なすことで、大事な問題を見落とすか、あるいは意図的に問題を避けて他人事としてしまうことになりかねない。

教会を神の国の広がりの中で捉え、一人一人の存在を主イエス・キリストによって生かされる尊厳あるものとして見つめるならば、貧困の問題、教育の問題、人権の問題、差別の問題、沖縄の基地問題や福島をはじめとする原発問題など、それが直接に教会という集団の存亡に関わるか否かという視点だけでは捉えきれない拡がりがある。しかしそこで重要なのは、神の国の視点から決して教会を欠落させてはならないということだろう。教会が最前線に立たなくては、神の国の宣教は果たすことができない。そして教会の位置が相対化されては、神の国の宣教はその基盤を失うのだ。

第四に、もし信仰告白の事態になったらどうするのかということがある。これはすでに切実な問いであり、今はすでに「もし」という仮定の話の段階ではないと思われるが、教会はそのような事態が到来したことを悟ったならば、教会として抵抗の姿勢をとることがはじまるだろう。そしていつものように、いつも以上に、鮮明に、明瞭に、声高く、イエス・キリストが主であることをはっきりと言い表すことが必要となる。教会は「いつも」の延長線上でしか、「いざ」というときの姿勢を取ることはできない。「いつも」の礼拝と祈りと奉仕の姿勢なしに、「いざ」というときの信仰告白の闘いを戦い抜くことはできない。「いつも」の備えがないことで、「いざ」というときに世を恐れ憚って、教会が語るべき言葉を語ることができなくなることを私は恐れるし、そもそも教会が世に向かって語る姿勢を取ることなく、内輪の人々にしか伝わらない言葉に終始していないかと自問するのだ。

説教壇から発せられる神の言葉は、一つの群れに向かって語られていると同時に、世界に向かって発せられているのだという自覚を、説教者はより強く持つことが求められているだろう。そして信徒一人一人も、その群れである教会も、「イエスは主なり」との告白に立つという決断的な信仰が求められている。

6. 決断的な信仰を求めて

①カール・バルトと「今日の神学的実存！」

このような「決断的な態度」というものを、カール・バルトの言葉から学びたい。1933年1月にナチ政権が成立し、当時ボン大学教授として主著である『教会教義学』執筆を開始していたバルトは、民族主義の熱に浮かされたドイツ・キリスト者運動によって、教会もまたナチ政権と一体化していく姿を目の当たりにする。「一つの帝国、一つの民族、一つの指導者」というナチのスローガンのもとに教会も一つの帝国教会として再編され、教会堂にはナチ党の鉤十字の旗が掲げられ、賛美歌とともにナチ党歌が歌われていた。そのような状況のもと、1933年6月24日から25日にかけて一気に書き上げた論文が、後にそのタイトルのまま神学雑誌として刊行される「今日の神学的実存！」(Theologische Existenz heute!) である。[21] バルトの伝記をまとめたエーバーハルト・ブッシュによれば、7月1日にバルトはこの論文を収めた雑誌「今日の神学的実存」第一巻をヒトラーに送りつけ、さらに翌年7月に発禁処分を受けるまで3万7千部以上が刊行されたという。[22]

この論文は、その序文に記された次の有名な一文で知られている。

私が努めていることは、ここボンで、わが学生たちと共に、講義や演習において、相変わらず、そして、あたかも何事も起こらなかったかのように——ひょっとしたら、かすかに高められた口調で、けれども〔かの憂慮すべき事どもや諸問題との〕直接の関連づけをすることなく——、神学を、ただひたすら神学だけを行う……。[23]

この「あたかも何事も起こらなかったかのように、ただひたすら神学する」という言葉は、しばしばバルトの語った意図と離れて、あるいは正反対の意味に理解されて来た。後に触れるように、バルトと同時代に生き、バルトの神学の日本での紹介者となったような代表的な神学者たちは、バルトのこの言葉をひとつの支えとして、国家のあり方に対してまったく沈黙し、ただひたすら自分の殻に閉じこもって神学を続けた。しかしそれが本来の神学者としての取るべき態度だったのだろうかという問いが、今なお残っている。

ともかくバルトのこの発言は、当時の政治的に熱狂したドイツ・キリスト者運動の神学者たちへの痛烈な皮肉を込めたものであり、続く発言によって自らのリアルな態度を表明している。「私はこう考える。この〔神学を、ただひたすら神学だけを行う、という〕こともまた、一つの態度決定、いずれにせよ、一つの教会政治的態度決定なのであり、そして間接的には一つの政治的態度決定ですらあるのだ、と！」。(24)

こうしてバルトは、今日の神学的実存について次のように言う。「今、いかなる事情があろうとも起こってはならぬことは、われわれがよいと見なす何らかの事柄に対する熱心のあまり、われわれの神学的実存を失ってしまうこと、これである。われわれの神学的実存とは、教会の中にあるわれわれの実存、しかも、教会の、召しを受けた説教者および召しを受けた教師としての実存、のことである」。(25)

ここでの「教会の中にあるわれわれの実存」とは、全世界の中で、神の言葉が宣べ伝えられ、かつ聴かれるという要求以上の切実な要求は存在しないことを指す。なぜなら神の言葉はすでに十字架と復活、召天と着座という決定的な仕方で勝利したゆえに、神の言葉はそれに敵対するあらゆるものに勝利するからである。また神は御自身の言葉によってあらゆるものを担い、あらゆる問いに答え、あらゆる関心事を公平に扱い、それらを本来の目的に導くゆえに、世のいかなるものも神の言葉なしには存在しえない。そして人間にとっての善きこととは神の言葉を慕い求めることであり、神の言葉はイエス・キリスト以外のどんな名をも持っておらず、イエス・キリストは旧新約聖書以外のいかなるところでも見出し得ないのだ。

また「教会の、召しを受けた説教者および召しを受けた教師としての実存」とは、召された者がこの召命を果たすかどうかが自分自身が立ちもすれば倒れもすることを決定するゆえに、自らの奉仕を巡る配慮、奉仕にかかわる希望、奉仕を助けてくれる友以上に価値あるものはなく、この奉仕を妨げる敵以上に憎むべき敵はないということを意味し、召された者の労働と安息、真剣さと鷹揚さ、愛と怒りの意味であるこの神の言葉に仕えるという第一のものに並ぶものを知らないというのである。

バルトは「神の言葉への我々の拘束、そしてまた神の言葉への奉仕に対する我々の特別な召命の持つ重要性が、今日我々から失われてしまっている、ということがあり得るのである」(26)とし、その理由として、この実存に生きることを「希《こいねが》い、そのことに向かって身を差し出すことを我々が忘れてしまっているからである」と言う。(27)では何がそのような忘却を生み出すのか。バルトはそれを「この時代の強力な誘惑」と言う。(28)時代の思想、政治的現象、権力、支配力などの持つ力に対して、神の言葉の力を信頼せず、神の言葉の勝利への信頼を投げ捨ててしまい、本来神にのみ求めるべき力を、それ以外の所から求めるということが起こってしまうことを、バルトは1930年代ドイツの中に見ていたのだった。

こうしてバルトは本論文において、帝国教会の問題点、監督制度の問題、ドイツ・キリスト者の問題など具体的な諸問題について論じた後、結語において再び「神学的実存」について次のように言う。

われわれは今日、われわれの神学的実存を保持しなければならない。昨日よりも今日はさらによくと。われわれは、端的に・真っ直ぐに・頓着せず・絶え間なく・我々に命じられている道を走らねばならない。……友よ、われわれは霊的に、そしてまたそのような仕方でこそリアルに考えようではないか。……「しかし、われらの神の言葉は永遠である」（イザヤ40・8）。それゆえに「われらの神の言葉」は、日毎に――毎日は永遠に向かって急いでいるのだから――真実であり、欠くことのできないものなのである。それゆえに、教会は、神学は、全体主義国家においてもまた、決して冬眠に入ることはできず、如何なる猶予をも、如何なる均制化をも甘受することはできないのだ。それ〔教会／神学〕は、その本質上、あらゆる国家を――それゆえにまた全体主義国家をも――限界づけるものなのである。[29]

ここには当時のバルトの神学についての理解、教会についての理解、そして国家について理解が端的に表れている。そしてそれらはやがて1934年5月の、あの「バルメン宣言」に結実していく。そしてこれらのことからも、「あたかも何事も起こらなかったかのように、ただひたすら神学する」というあの言葉が、深くこの世の現実に参与し、それゆえに「一つの政治的態度決定」をもたらすものであったことが明らかになるのである。

②日本におけるバルト受容の問題

日本を代表する神学者、熊野義孝のバルト受容について、東北学院大学の佐藤司郎教授は次のように指摘している。「熊野は、第一に、『現実的政治的情況』における神学と、思想としての神学を区別する。彼にとって前者はいわば歴史的偶然的なものに過ぎず、神学的には意味のないものである。したがって第二に、熊野には神学思想は現実的政治的情況を捨象して取り扱われうる、比較可能なものなのである」[30]。

まさにこの「現実的政治的情況を捨象して取り扱われうる」神学こそが、日本におけるバルト受容の大きな問題点だった。これによって熊野は、戦前からいち早くバルトをはじめとするドイツの神学に触れ、それらを積極的に紹介し、また自らの神学思想の中に咀嚼しつつも、ひたすら自らの神学的思索と著述に没頭する。その一つの成果が熊野の代表作の一つである『終末論と歴史哲学』（１９３３年）だが、それこそこれらは熊野にとって文字通り「あたかも何事も起こらなかったかのように、ただひたすら神学する」ことによって可能となった成果と言えるのではないだろうか。

１９３０年代から40年代にかけて、バルトの著作は多くの日本人神学者や牧師、信徒の手によって次々に翻訳され、その数は40近くにのぼるという。ハーマーによれば、バルトの日本における有力な

上：バルト（1934 年）
下：後列左端が熊野義孝、右端が富田満。教団合同前の日本基督教会準備委員として（1940 年）。

訳者の一人であった松尾相のもとには、１９３３年8月にバルトから手紙が届き、そこには先に刊行されたばかりの「今日の神学的実存！」のコピーが同封されていたが、松尾がこれを翻訳することはなかった。日本で宣教師として奉仕しつつ、告白教会に連なって活動したドイツ人エーゴン・ヘッセルに宛てて、バルトが１９４０年9月に書き送った書簡には、バルト翻訳者として知られた松谷義範について次のような重要な指摘がされている。「私は8月に東京の松谷氏から手紙をもらいました。彼は私の論文などをきわめてオリジナルな仕方で選択して、それを翻訳させてほしいと許可を求めてきたのです。しかし奇妙なことに、それらの中には、私がここ数年書いた政治に関する神学論文は何一つ含まれていないのです」。(31)

これらのことからも明らかなように、戦前から日本の教会がドイツの神学の影響下にあり、特にバルトからの影響が大きかったことは様々に指摘されているが、にもかかわらず戦前のおもだった神学者たちは、そのバルト自身が強調した「神学的実存」と、それに基づく実践を受容することなく、むしろ「あたかも何事もなかったかのように」を、自分たちに引きつけて解釈し、この現実社会のアクチュアルな情況に深くコミットすることなしに、世から身を引いて、思想としての神学、学問としての神学の世界に没頭していたと言わなければならないだろう。

③ 決断としての宗教改革

続いてバルトは、『今日の神学的実存』第三巻として「決断としての宗教改革」という論文を発表する。(32) これは１９３３年10月30日にベルリン大学において為された宗教改革記念講演で、ナチ政権に対する明確な抵抗を語った歴史的な講演であった。

この講演の本論部分で、バルトは宗教改革者たちの神学とその実存に触れつつ次のように言う。

かくして、私たちは今や更にこう問わねばなりません。宗教改革の宣教のまさにこの預言者的・使徒的性質とは一体何だったのか、と。そして今や、その答えを単純にこう言うことができます。すなわち、《宗教改革者たちの教えにおいて表現されたキリスト教的思惟と語りは、預言者たちや使徒たちのそれ同様、たった今なされた或る決断に由来した思惟と語り、そしてまた内容的にも、このたった今なされた決断の告知と弁明以外の何ものでもあろうとはしなかった思惟と語りである》、と。或る決断が、次のところでなされました。すなわち、一人の人間にとって、様々な可能性の調停的観察ないし考察、それらの可能性の――場合によってはありうる――より高き統一に関する問い、果ては、そうした統一に関する知識と称されるものが、突然終止符を打つところで。そのかわりに、或る決断・或る選択・或る特定の優先と保留――先立てることと後回し――が起こったところで。決断とは、自由において己れ〔自身〕の自由を放棄するということを意味します。決断した者は己れを拘束したのです。彼が依然としてこのようにも――あるいは異なる仕方でも――なしえたところの、あの友好的で保身的な薄暗き曖昧さや高級な優越的高み。これは〔もはや〕彼の背後にあります。〔そのような薄暗き曖昧さから〕抜け出し、〔そのような優越的高みから〕降りてきて、昼の目覚めた光の中へと身を置きながら、彼は今や、『然り』あるいは『否』を言わねばならず、このことあるいはあのことを意志せねばならず、ここあるいはあそこに立たねばなりません。決断によって拘束されたそのような人間。それが宗教改革者たちでした。彼らは選択したのでした。[33]

今、私たちが置かれている情況も、このような決断的な態度決定が求められているところではないだろうか。私たちは真空の状態や中立な場所で御言葉を語り、聴くことはできない。またこの世の事柄を高みの見物のようにして見下ろしてみたり、対岸の火事のように遠目で眺めてみたり、評論家のようにしたり顔で論じることはできない。ある特定の地点に着地し、そこで決断して自分のあり方を定めない限りは、ひたすら言い訳の言葉を吐きながら逃げ回るだけの存在、燭台の下に置かれた灯火のような、塩気を失って捨てられる塩のような存在となってしまうだろう。具体的な時と場と態度にコミットしないかぎり、教会の存在も、キリスト者の言葉も、福音の宣教も、信仰の告白も、抽象の言葉になってしまう。これからの時代、私たちには一つの「決断的な態度」が求められている。

7. 私たちにできること、すべきこと

最後に、キリストにある決断的な態度は私たちの現実において具体的にどのような生き方となってあらわれるのか、ということを考えておきたい。

① 観客席から、グラウンドに下りよう

「中立であれ」、「個人と公人の立場を区別せよ」、「特定の政治的な意見を表明するな」。この数年、こんな言葉を幾度となく聞いてきた。もし世界がフラットであるなら、確かに特定の側に立ち続けることは時に極端であり、時に偏向であり、時に世界を見誤ることになるだろう。もし世界の真ん中に立てるなら、周りを見渡して、誰に対しても公平で、誰に対しても平等で、誰に対しても満足を与える場所に立つことができるだろう。もし世界が普遍的な価値を共有しているなら、黙っていても一致は保たれ、輪の中にいれば安泰で、普遍を破って個が突き出る必要もないだろう。

しかし現実の世界は、いつもどこかしら傾いており、自分はどこかの一点にしか立つことができず、様々な価値観が互いの間を錯綜している。そこでは「お前はどこに立つのか？」との問いを避けることはできない。

自分の立場を明らかにせず、自分の意見を隠し、口をつぐんだまま黙っていれば、誰からも批判されることなく、糾弾されることもない。しかし一言、意見を言い出すとどこからともなく批判の矢が飛んでくる。そうすると、「やっぱり黙っていればよかった」と後悔の念が浮かぶ。批判されれば心も萎えるし、自分の軽率さを恥じたりもする。そして黙っているのが一番賢く、楽な道だと思う。

しかし、そこで「お前はどこに立つのか？」との問いの前に立たされる。

自分に害が及ぶことなら、何かしらの行動を取ることは理解できるが、なにも自分に直接関係のないことにまで首を突っ込むことはない。自分一人が何を言ったところで何も変わりはしないのだから、もっと別のことに力を注ごう。そこに問題があるのは分かるが、先を急いでいるのだから、ここは目

をつぶって通り過ぎよう。結局のところ、何をやっても骨折り損だ。そんな声がいつも内側からささやく。

それでもまた、そこで「お前はどこに立つのか?」との問いが心を突く。

ある地点に立つことを決断した人に向けて、批判したり、冷ややかに眺めたり、醒めた口調で論評したり、教え諭したり、時には巻き添えを避けて身を引いたり、あるいは遠巻きにして様子をうかがったり、傍観者を決め込んだり……。いろいろな立ち位置がそこにはあるだろう。

けれども、やはりそこで「お前はどこに立つのか?」との問いから逃れることができない。

外野席に座ってヤジを飛ばしたり、応援したり、試合そっちのけで食べたり飲んだりするのは気楽なもの。でもグラウンドに立てば、三振もするし、エラーもする。トンネルもするし、ファンブルもする。罵声を浴びて、恥をかき、みっともない姿を晒すこともしばしばだ。しかしだからといって失敗をしない生き方が正しいとは思わない。批判されない生き方が正しいとも思わない。恥をかかない生き方が正しい生き方とも思わない。グラウンドに下りなければ何もはじまらないのだ。

社会に関わること、政治のあり方に対して注意を払い、とりなしをし、時に警告を発すること、意見を表明し、選挙に参加し、主権者として委ねられた権利を正しく行使すること。それらのことに、より積極的でありたいと思う。そのためには無関心を装ったり、傾いた世界の現実から目をそらして悪しき中立主義に陥ったり、「右か左か」という安易なレッテル貼りを超えて、傍観者から当事者へと立ち位置を変え、観客席からグラウンドに下りることが必要なのではないだろうか。

②平和を作る態度を決める

当事者になることには責任が伴い、リスクも伴う。しかしそれを恐れて身を引いていては、いつまでも自分の立ち位置を定めることができない。どこかの段階で決断を下す必要がある。その場合、私たちは平和を作る側に立つこと、いのちを尊ぶ側に立つこと、虐げられ、傷つけられている側に立つことが求められているだろう。そしてそのためには、世界の傾いている現実を見る視点が必要であり、その現実を見たときに何事かを感じ取り、動き出す心が必要だ。

田中正造について論じた金泰昌は言う。「『中立』というのは力関係がほとんど同じ時に真ん中に立つことだけれど、圧倒的に強い者と弱い者があるときは、むしろ弱い者の方に立つのがいわゆる望ましい立場であり、わたくしはそれを大事にしたいのです。だから、いつも『中立』であればいいというわけではないのです。圧倒的に強い地位を悪用して自分の正当化を主張し続けることに対して、専門家・学者・知識人等々いろんな形がありますが、断固として弱者の側に立ってそれに反対する。それこそが本来の意味で『中立的』な立場であるとわたくしは解釈しています。そこがとても重要ではないでしょうか」[34]。

平和が損なわれている現実を前にして、安易な中立に逃げ込むことなく、平和を作る側に立つという態度を決める。そういう決断に導かれていきたいと願う。

③恐れず、隠れず、沈黙せず

一つの立場に立つことを決めることは、他の立場に立たないということを決めることであり、一つの態度を決めることは、他の態度を捨てるということを意味する。しかし現実には「あれか、これか」の局面に立たされるとき、「あれもこれも」選んでしまうか、「なにも」選ぼうとしなくなる。そんな弱さを自らの内に見出す。恐れに支配され、身を隠し、沈黙したくなる。

日本の教会は皆、直接、間接に過去の罪責を継承している。それはアジア侵略の戦争に加担した罪であり、また十戒の第一戒、第二戒に背いてまことの神以外のものを拝んだ偶像礼拝の罪であり、それを拒否して戦った者や、迫害を受けた者たちを見捨てた罪である。その罪と過ちを繰り返さないためにも、恐れず、隠れず、沈黙せずに、まことに恐れるべき方を恐れ、自らの信仰を明確に告白して、生きた証しを立てていきたいと願う。

ルカ福音書12章で主イエスは言われた。「からだを殺しても、あとはそれ以上何もできない人間たちを恐れてはいけません。恐れなければならない方を、あなたがたに教えてあげましょう。殺したあとで、ゲヘナに投げ込む権威を持っておられる方を恐れなさい。そうです。あなたがたに言います。この方を恐れなさい」。真に恐れるべき方を恐れるとき、私たちは恐れるに値しないものを恐れない者へと変えられていく。神を神とし、人を人として正しく位置づける時、私たちはいたずらに人を恐れてその心と体の振る舞いが引き裂かれていくようなあり方から解放されるのだ。

④聖霊の助けを求め、福音を宣べ伝え

私たちは自分の弱さを知っている。自分の愚かさ、そして自分の罪を知っている。だからこそ人間の限界をも知り、助けが必要であることを知っているのだ。今のこの時代の闘いは「血肉に対するも

のでなく、主権、力、この暗やみの世界の支配者たち、また、天にいるもろもろの悪霊に対するもの」（エペソ6章12節）だと痛感する。

そうであればこそ、私たちは聖霊の助けを必要としている。小さく弱く、臆病な私たちに神が与えてくださる「力と愛と慎みとの霊」（Ⅱテモテ1章7節）を注がれ、「権力によらず、能力によらず、わたしの霊によって」（ゼカリヤ4章6節）と言われる聖霊の力を身に帯びてこそ、この霊的な闘いに向かっていくことができると確信する。

そして聖霊の力を帯びた私たちの、もっとも果敢な信仰の闘いは、福音の宣教に他ならない。教会の何よりの使命は主イエス・キリストの十字架と復活の福音、人を滅びからいのちへ、闇からひかりへと移し替えることのできる力ある福音を宣べ伝えることにある。「あなたがたは、世にあっては患難があります。しかし、勇敢でありなさい。わたしはすでに世に勝ったのです」（ヨハネ16章33節）といわれる勝利者イエス・キリストの御名において果敢に福音を宣べ伝え、キリストのまったき勝利を証しする者となりたいと願う。

おわりに——信じることと愛すること

ある集会での講演の結びに、このところ心に響いている言葉として、有名なボンヘッファーの獄中書簡集の言葉を紹介した。

ボンヘッファー。1944年、テーゲルの国防軍拘置所にて。

われわれがキリスト者であるということは、今日ではただ二つのことにおいてのみ成り立つだろう。すなわち、祈ることと、人々の間で正義を行うことだ。キリスト教の事柄における思考・言辞・組織はすべて、この祈ること・正義を行うことから新しく生まれて来なければならない。[35]

これは1944年の5月に、ボンヘッファーが甥の洗礼式に際して書き送った、獄中からの手紙の一節だ。この言葉から、あらためて「祈ること」と「正義を行うこと」の密接不可分なあり方からチャレンジを受け取っているとして私は講演を結んだ。

講演が終わって、会の主催者の方々との食事の席で、一人の牧師がこんな趣旨のことを言われた。「ボンヘッファーは、本当のところ、『祈ることと正義を行うこと』というよりも、『信じることと愛すること』と言いたかったのではないか。しかしあの時代の状況が、そう言うことよりも『祈ることと正義を行うこと』と言わざるを得なくさせたのではないか。自分は教会が『信じることと愛すること』と言えずに、『祈ることと正義を行うこと』と言わなければならないような時代を再び来させてはならないと思う」。

確かにそうなのだと思う。信じることと愛することこそ、教会が教会であり、キリスト者がキリスト者であることの証しであろう。しかしそのことが時代の状況においては「正義を行うこと」によって証しされることもまた真実なことと思う。

目の前の現状はますます暗さを増し、困難さが強まり、明るい見通しをもつことは難しい。それでも私たちには「神の国の完成」という希望がある。

そしてその日には、「恵みとまことは互いに出会い、義と平和とは、互いに口づけする」（詩篇85篇10節）。その日に向かって粘り強く、忍耐強く、祈ることと正義を行うことに心を傾けていきたい。確かに時代は暗くとも、勝利者イエス・キリストを仰ぎ、希望をもって、忍耐しつつ、喜びの中を福音の証しに生き、信仰の告白に生きる者でありたいと願う。

その時まで、祈り、正義を行い、神の時を待ち望む人々は、存在するだろう。君にはその一人であってもらいたいし、いつか君について「正しい者の道は、夜明けの光のようだ。いよいよ輝きを増して真昼となる」（箴言4章18節）と言われることを望む。[36]

（1）中野晃一『右傾化する日本政治』（岩波書店、２０１５年）２―26頁。

（2）二宮厚美「安倍政権が走るグローバル競争国家路線の国民的帰結」渡辺治他『〈大国〉への執念――安倍政権と日本の危機』（大月書店、２０１４年）325―333頁。

（3）服部茂幸「アベノミクスとは何だったのか」中野晃一編『徹底検証安倍政治』（岩波書店、２０１６年）88―96頁。

（4）自民党憲法改正推進本部のウェブページに全文および草案のQ＆A、漫画政策パンフレットなどが掲載されている。http://constitution.jimin.jp/draft/

（5）たとえば、伊藤真『憲法は誰のもの？――自民党改憲案の検証』（岩波書店、２０１３年）、同『赤ペンチェック自民党憲法改正草案』（大月書店、２０１３年）、奥平康弘他編『改憲の何が問題か』（岩波書店、２０１３年）の、特に愛敬浩二「自民党日本国憲法改正草案のどこが問題か、なぜ問題か」、小林節・伊藤真『自民党改憲草案にダメ出し食らわす！』（合同出版、２０１３年）、自由人権協会編『改憲問題Q＆A』（岩波書店、２０１４年）、山内敏弘『「安全保障」法制と改憲を問う』（法律文化社、２０１５年）の特に、第5章「自民党の改憲草案が目指すもの」、横田耕一『自民党改憲草案を読む』（新教出版社、２０１４年）等を参照のこと。

（6）「日本国憲法改正草案Q＆A（増補版）」3頁。http://constitution.jimin.jp/faq/

（7）自民党改憲草案の中心的起草者である磯崎陽輔参議院議員のホームページに、「『個人として尊重される』という部分については、個人主義を助長してきた嫌いがあるので、今回『人として尊重される』と改めました」とある（http://isozaki-office.jp/kenpoukaiseisouankaisetsu.html）。ちなみに磯崎氏は東大法学部卒、自治省（現総務省）の元官僚。２０１２年5月28日に自身のTwitter上で「時々、憲法改正草案に対して、『立憲主義』を理解していないという意味不明の批判を頂きます。この言葉は、ウィキペディアにも載っていますが、学生時代の憲法講義では聴いたことがありません。昔からある学説なのでしょうか」と呟いて一躍有名になったほか、安保法制を巡り、時の内閣によって解釈や中身が変わると法的安定性が保たれないとの批判に対し、「法的安定性は関係ない」と発言、のちに取り消し、陳謝した。

(8) 山内敏広、前掲書、195頁。なお山内は自民党改憲草案に見られる国民の義務・責務の条文として「①国防の責務（前文）、②国旗国歌の尊重義務（3条2項）、③領土・資源の保全協力責務（9条の3）、④個人情報の不正取得などの禁止（19条の2）、⑤家族の相互扶助義務（24条1項）、⑥環境保全協力責務（25条の2）、⑦教育を受けさせる義務（26条2項）、⑧勤労の義務（27条1項）、⑨納税の義務（30条）、⑩地方自治分担義務（92条2項）、⑪緊急事態指示服従義務（99条3項）、⑫憲法尊重義務（102条1項）」を挙げ、⑦、⑧、⑨以外は新設であることを指摘している。

(9) 旧皇室典範の廃止によって法的根拠を失った「元号」の復活を願った自民党は、1970年に元号法制化を決定、そのキャンペーンの一環として1978年に「元号法制化実現国民会議」が結成される。元号法制化は天皇制の強化につながるとして反対運動が繰り広げられる中、1979年に元号法が成立し、その後、「元号法制化実現国民会議」は「日本を守る国民会議」に改組、やがて「日本を守る会」と統合して「日本会議」となって今日に至っている。

(10) http://isozaki-office.jp/kenpoukaiseisoukaisetsu.html

(11) D・ボンヘッファー「教会と世界の諸民族」『ボンヘッファー選集6 告白教会と世界教会』（森野善右衛門訳、新教出版社、1968年）121―126頁。

(12) 「国家緊急権は、一方では、国家存亡の際に憲法の保持を図るものであるから、憲法保障の一形態と言えるが、他方では、立憲的な憲法秩序を一時的にせよ停止し、執行権への権力の集中と強化を図って危機を乗り切ろうとするものであるから、立憲主義を破壊する大きな危険性をもっている。」芦部信喜『憲法 第四版』高橋和之補訂（岩波書店、2007年）359頁。「実定法上の緊急権は、正常時の憲法作用を停止してでもなおひとつの秩序体系を防衛しようとする決断の表明であるが、緊急権の行使主体が権力側であるだけに、実際上は、それが建前として標榜している憲法秩序の防衛という目的をふみこえ、かえってそれを危うくする傾向がある。また、憲法の機能障害に対する対症療法的な措置が、鎮痛のための麻薬と同じように、かえって国民の憲法意識をむしばむ傾向も、重要である。……国民の側から公権力を拘束することを基本とする近代憲法の原則的立場からいえば、非常時での公権力の例外的発動を容認する緊急権は、実体憲法の名文の根拠がない限り否定されなければならない。日本国憲法が緊急権条項をもたないことの意味は、そのように理解されるべきである。」樋口陽一『憲法第三版』（創文社、２００７年）97―98頁。なお、国家緊急権または緊急事態条項については以下を参照。橋爪大三郎『国家緊急権』（ＮＨＫ出版、２０１４年）、永井幸寿『憲法に緊急事態条項は必要か』（岩波書店、２０１６年）、愛敬浩二「国家緊急権と立憲主義」奥平康弘・樋口陽一編『危機の憲法学』（弘文堂、２０１３年）所収。

（13）「惨事便乗型」という概念については、ナオミ・クライン『ショック・ドクトリン――惨事便乗型資本主義の正体を暴く 上・下』幾島・村上訳（岩波書店、２０１１年）を参照。また憲法学の視点からの東日本大震災への考察としては、愛敬浩二他編『3・11と憲法』（日本評論社、２０１２年）、水島朝穂『東日本大震災と憲法――この国への直言』（早稲田大学出版部、２０１２年）等を参照。

（14）水島朝穂「緊急事態条項」奥平康弘他編『改憲の何が問題か』（岩波書店、２０１３年）185―198頁。

（15）菅野完『日本会議の研究』（扶桑社、２０１６年）、中島岳志・島薗進『愛国と信仰の構造――全体主義はよみがえるのか』（集英社、２０１６年）。

（16）ただし、現在の生長の家は安倍政権に対して批判的であり、今回の参院選においては、団体の方針として「与党外その候補者を支持しない」ことを公式ホームページにおいて表明している（６月９日付　http://www.jp.seicho-no-ie.org/news/sni_news_20160609.html）。

（17）島薗進、ジョン・ブリーン「伊勢神宮と国家儀礼　その歴史と政治をめぐって」『世界』２０１６年６月号（岩波書店）、197―206頁。

（18）渡辺信夫「信仰告白の事態ということ」（２００２年1月15日、日本キリスト教会東京中会靖国学習会講演、http://homepage3.nifty.com/kokuhakukyoukai/kouen/kouen20.html）

（19）バルメン宣言についてはの簡潔な手引きとして、宮田光雄『バルメン宣言の政治学』（新教出版社、2014年）、雨宮栄一『神の言葉はとこしえに保つ――バルメン宣言による説教』（新教出版社、1984年）、河島幸夫『戦争と教会　ナチズムとキリスト教』（いのちのことば社、2015年）、朝岡勝『バルメン宣言を読む　告白に生きる信仰』（いのちのことば社、2011年）等を参照。
(20) この問題については、君が代強制反対キリスト者の会編『信仰の良心のための闘い――日の丸・君が代の強制に抗して』（いのちのことば社、2013年）を参照。
(21) 以下、訳文の引用は、天野有編訳『バルト・セレクション4　教会と国家I』（新教出版社、2011年）による。
(22) エーバーハルト・ブッシュ『カール・バルトの生涯』（小川圭治訳、新教出版社、1995年）324頁。
(23) 同336―337頁。
(24) 同337頁。
(25) 同338―339頁。
(26) 同342頁。
(27) 同343頁。
(28) 同頁。
(29) 同414―419頁。
(30) 佐藤司郎「日本神学校におけるバルト受容――桑田秀延と熊野義孝の場合」バルト神学受容史研究会編『日本におけるカール・バルト――敗戦までの受容史の諸断面』（新教出版社、2009年）。131頁。
(31) ハイヨー・E・ハーマー「ドイツから見た日本教会史の一断面」、滝沢克己追悼記念論文集発行委員会編『滝沢克己　人と思想』（1986年、新教出版社）179頁。
(32) 訳文の引用は、天野有編訳『バルト・セレクション4　教会と国家I』（新教出版社、2011年）による。
(33) 同486―487頁。

(34) 小松裕・金泰昌編『公共する人間4　田中正造——生涯を公共に献げた行動する思想人』(東京大学出版会、2010年) 243頁。
(35) E・ベートゲ編『ボンヘッファー獄中書簡集「抵抗と信従」増補新版』(村上伸訳、新教出版社、1988年) 346—347頁。
(36) 同346—347頁。

あとがき

同時代に生きる者が、歴史のターニングポイントと、そこに至る伏線に気づくのは難しいことです。今、私たちが生かされている時をどのように捉えるのか。後の日に、今のこの時はどのように振り返られるのか。私たちは「終わりの時」を知るゆえに、絶えず「時の認識」をもって、過去に学び、今を見据え、これからを仰ぎ見ながら、この時を生きることが求められているのでしょう。

本書は、そのような「時の認識」のひとつの証しです。これを主がどのようにお用いになるかはわかりませんが、この時代にあって語られ、聴かれた言葉の記録として、主への証しとさせていただきたいと願っています。

7月の参議院選挙前に出版したいという願いに応えて、出版を即決し、異例のスピードで作業を進めてくださった新教出版社の小林望社長に感謝します。

２０１６年６月14日

山口陽一
朝岡　勝

山口陽一（やまぐち・よういち）

1958年生まれ。金沢大学、東京基督神学校、立教大学大学院で学ぶ。日本同盟基督教団市川福音キリスト教会牧師、同教団理事。東京基督教大学大学院教授、同神学研究科委員長。共著に『なぜ「秘密法」に反対か』（新教出版社、2014年）他。

朝岡　勝（あさおか・まさる）

1968年生まれ。東京基督教短期大学、神戸改革派神学校卒。日本同盟基督教団徳丸町キリスト教会牧師。同教団副理事長。著書に『バルメン宣言を読む』（いのちのことば社、2011年）他、共著に『なぜ「秘密法」に反対か』（新教出版社、2014年）他。

新教コイノーニア 32

キリストが主だから

いま求められる告白と抵抗

2016年 6月 24日　第1版第1刷発行

著　者……山口陽一、朝岡　勝

発行者……小林　望

発行所……株式会社新教出版社

〒162-0814 東京都新宿区新小川町 9-1

電話（代表）03（3260）6148

振替 00180-1-9991

印刷・製本……モリモト印刷株式会社

ISBN 978-4-400-40739-3　C1316

〈新教コイノーニア〉シリーズ

1　日本のキリスト教の現在と将来　**品切**
2　靖国公式参拝を批判する　**品切**
3　日本のキリスト教とバルト　**品切**
4　日本の宗教と部落差別　**品切**
5　沖縄から天皇制を考える　**1100円**
6　合同教会としての日本基督教団　**品切**
7　朝鮮半島の平和と統一をもとめて　**970円**
8　カール・バルトと現代　**1359円**
9　激動のドイツと教会　**970円**
10　岩手靖国違憲訴訟戦いの記録　**2427円**
11　日本基督教団50年史の諸問題　**品切**
12　日本の神学の方法と課題　**1165円**
13　現場の神学　**1359円**
14　死刑廃止とキリスト教　**品切**
15　バルト＝ボンヘッファーの線で　**1650円**
16　現代の終末論とフェミニズム　**2000円**
17　地球温暖化とキリスト教　**1200円**
18　平和憲法を守りひろめる　**3000円**
19　人間の盾　**1400円**
20　カール・バルトとユダヤ人問題　**1600円**
21　いのちの倫理を考える　**品切**
22　人類に希望はあるか　**1200円**
23　井上良雄研究　**1900円**
24　聖餐　イエスのいのちを生きる　**1500円**
25　時代のように訪れる朝を待つ　**1800円**
26　原発とキリスト教　**1600円**
27　わたしたちはいま、どこにいるのか　**1800円**
28　なぜ「秘密法」に反対か　**1300円**
29　東アジアでボンヘッファーを読む　**1800円**
30　国家の論理といのちの倫理　**2200円**
31　戒規か対話か　**1600円**
32　キリストが主だから　**700円**

＊

横田耕一　自民党改憲草案を読む　**900円**

表示は本体価格です。